어린이를 위한
관심

어린이를 위한 **관심**

2007년 12월 20초판 1쇄 발행
2007년 12월 30초판 2쇄 발행

글쓴이 박성철 | 그린이 최정인
펴낸이 오세경 | 편집인 이순영 |
편집 책임 강명옥 | 제작 책임 이유근 | 제작 진행 고강석
표지 및 본문 디자인 SALT&PEPPER Communications
펴낸곳 (주)계림닷컴 | 등록 제1-2684호(2000. 5. 22)
주소 서울시 종로구 평동 13-68 | 전화 (02)739-0121 | 팩스 (02)722-7035
이메일 edit@kyelimbook.com | 홈페이지 www.kyelimbook.com
글ⓒ박성철, 2007

이 책에 실린 글과 그림의 무단전재나 복제를 금합니다.

어린이를 위한 관심

글 박성철　그림 최정인

계림

세상의 모든 위대한 일의 시작은
작은 관심에서부터 시작되지요!

빌 게이츠가 대학을 중퇴하고 최고의 기업인이 될 수 있었던 이유는?
베컴이 세계 최고의 축구 선수가 될 수 있었던 이유는?
링컨이 최고의 존경받는 정치인이 될 수 있었던 이유는?
그것은 세상에서 가장 위대한 단어 하나에 있었습니다.
'관심!'
그것은 내가 꿈꾸는 세상으로 데려다 주는 성공 엘리베이터입니다.
세상의 모든 위대한 일의 시작은 작은 관심에서부터 시작되었습니다.
관심은 성공을 끌어오는 초강력 자석과 같은 것입니다.
이 책을 쓴 선생님 또한 '관심' 덕분에 간절히 원하던 꿈을 이루게
되었습니다. 중학교, 고등학교 시절에 야구 선수로 활약하다가 뒤늦게
공부를 시작해서 초등학생들을 가르치는 선생님이 될 수 있었던 것은
'관심' 덕분이었습니다. 그리고 고등학교 때까지 글짓기 상 한 번 받아
본 적이 없었지만, 지금 여러분과 책을 통해 만나는 작가가 될 수

있었던 것도 모두 '관심' 덕분이었습니다.

이 책 〈관심〉은 자신감도 없고, 재능도 그다지 뛰어나지 않았던 한 소년이 '관심'을 통해 세계 최고의 위치에 오르게 되는 가슴 벅찬 이야기입니다. 이 이야기 속의 주인공은 조빈이기도 하지만 이 책을 읽기 시작하는 여러분이기도 합니다.
여러분은 이 이야기를 통해 삶은 내가 삶에 대해 가진 관심, 꼭 그 크기만큼의 값진 것을 선물해 준다는 진리를 깨닫게 될 것입니다.
이 책의 마지막 장을 덮는 순간, 여러분은 인생에서 가장 소중한 보물을 찾게 되는 놀라운 경험을 하게 될 것입니다.

무지갯빛 인생을 꿈꾸는 초등학생들의 얼굴을 떠올리며
작가 박성철

차례

관심 1법칙
내가 진정으로 원하는 것을 찾아라

한 영화감독의 인생 성공 비결	10
도서관에서 일어난 일	20
관심 1법칙	42

관심 2법칙
나의 마에스트로를 찾아라. 그리고 그를 만나라

관심 2법칙	56
가상 인터뷰	76

관심 3법칙
마음 사용 설명서를 만들어라

관심 3법칙	98
내가 만든 〈마음 사용 설명서〉	122

관심 4법칙
미래 자서전을 써 보아라

관심 4법칙	136
나의 미래 자서전	148
달라진 나의 모습	158

관심 1법칙

내가 진정으로 원하는 것을 찾아라

성공은 〈관심〉에서 시작됩니다.
내가 진정으로 원하는 것이 무엇인가를 찾았을 때,
성공의 문은 열리기 시작합니다.

관심 1법칙

한 영화감독의 인생 성공 비결

최고의 영화감독 자리에 오른 그는 이런 대답으로 성공의 해답을 주었습니다.
"삶은 내가 삶에 보여 준 관심, 꼭 그 크기만큼의 값진 것을 선물합니다."

여기는 새롬방송국 스튜디오.

방송을 앞두고 사람들이 분주히 움직이고 있습니다.

사회자는 옷차림새를 매만지고, 프로듀서는 마지막 방송 준비에 여념이 없습니다.

"자, 이제 3분 남았습니다. 모두 마무리하세요."

사람들은 이제 모두 자신의 위치에서 자리를 잡았습니다.

잠시 어두워진 조명 사이로 환한 불빛이 들어오고 담당 프로듀서의 목소리가 들려왔습니다.

"자, 들어갑니다. 큐."

새롬방송국의 사회자도 오늘따라 약간은 들뜬 목소리였습니다.

"우리 방송에 출연해 주셔서 감사합니다."

사회자는 카메라를 정면으로 뚫어지게 쳐다보고 있었습니다.

"오늘은 너무도 모시기 어려운 세 분을 모셨습니다. 30대라는 젊은 나이에 각 분야에서 최고의 자리에 오른 세 분을 모셨습니다. 오늘은 이 세 분을 모시고 지금과 같은 큰 성공을 거둘 수 있었던 이유가 무엇인지 들어 보는 시간을 가지도록 하겠습니다."

카메라는 세 사람의 얼굴을 클로즈업했습니다.

당당한 자세, 자신감 있는 표정.

세 사람에게서 느껴지는 공통점이었습니다.

"출연해 주신 분들을 소개하겠습니다. 30대의 나이에 세계 최고의 대학인 하버드 대학의 교수가 되신 오승연 교수님 나와 주셨습니다. 먼저 오승연 교수님의 인생 성공 비결을 들어 보기로 하죠."

뿔테 안경 너머로 오승연 교수의 반짝이는 눈동자가 선명하게 보였습니다.

"제가 대학교수가 될 수 있었던 요인은 영어를 일찍 시작했기 때문이었습니다. 저는 초등학교 때 미국으로 유학을 가겠다는 목표를 세웠습니다. 어린 저에게 아버지는 지구본을 생일선물로 사다 주셨습니다. 저는 그 지구본을 받자마자, 우리나라가 어디에

있는지 찾아보았습니다. 하지만 쉽게 찾을 수가 없었죠. 아버지께 우리나라가 어디에 있냐고 여쭈었더니 아버지께서는 우리나라의 위치를 가르쳐 주셨습니다.

그런데 우리나라는 점 하나에 불과할 정도로 작더군요. 그래서 어린 나이에 좀 더 넓고 큰 세상으로 나가겠다는 마음을 먹게 되었습니다. 그 이후로 저는 영어에 많은 관심을 가지고 영어 공부를 열심히 했습니다.

영어를 일찍 시작하고 자신감이 생기자 공부에도 자연스럽게 몰두하게 되더군요. 영어 공부를 열심히 했고, 그 결과 저는 미국의 고등학교에 입학 허가를 받아 낼 수가 있었습니다. 그 이후로 줄곧 미국에서 열심히 공부한 결과 지금은 이렇게 하버드 대학의 교수가 될 수 있었던 거죠."

사회자는 연방 고개를 끄덕였습니다.

"그렇군요, 지금은 세계화의 시대니까 거기에 걸맞게 영어 공부를 열심히 해야 한다. 그리고 자신이 원하는 분야에 대한 공부를 열심히 하는 것이 하버드 대학의 교수님이 되신 비결이라는 교훈을 우리에게 잘 가르쳐 주시는 것 같습니다."

오승연 교수의 자신감에 가득 찬 표현과 자세에 사람들은 기립 박수를 보냈습니다.

담당 프로듀서의 손가락이 움직이자 프로듀서를 주시하고 있던 사회자는 계속 말을 이어 갔습니다.

"그럼 이번에는 PGA(미국 프로 골퍼 연맹)에 진출하여 골프 황제라는 타이거 우즈를 누르고 우승을 차지한 프로 골프 김세훈 선수의 성공 비결을 들어 보도록 하죠."

　운동선수답게 딱 벌어진 어깨에 강인한 표정이 엿보이는 김세훈 선수는 방송 출연이 아직은 조금 어색한지 자세를 고쳐 앉으며 마이크를 만지작거렸습니다.

　"저는 어린 시절에 아버지를 따라서 골프장에 많이 갔습니다. 아버지는 늘 저를 데리고 다니면서 골프를 즐기셨죠. 아버지는 저에게 장난감 같은 골프채를 쥐어 주셨습니다. 저는 어린 시절에 그것을 가지고 골프공을 쳐 보기도 하고, 칼싸움 놀이를 하듯이 장난을 치기도 했습니다. 골프장은 나의 놀이터였던 셈이죠.

　그래서 어린 시절부터 골프에 익숙할 수 있었고 바른 스윙법을 배울 수 있었습니다. 하지만 운동 세계에서 가장 큰 승부는 결국 연습에서 나오는 것이지요. 다른 선수 이상으로 연습하고, 다른 선수 이상으로 훈련하는 것 외에는 성공 방법이 없습니다.

　노력이야말로 세상에서 가장 큰 성공 방정식이죠. 물론 어느 정도의 운동 신경이나 재능이 없으면 운동선수로서의 성공은 불가능했겠죠."

"재능과 노력이 겹쳐야 성공할 수 있다는 말씀인 것 같네요. 여러분도 공감하시죠?"

사회자는 미국 생활에서의 어려움이 없었냐는 질문과 사소한 질문 몇 가지를 더 했고, 김세훈 선수는 긴장이 풀린 듯 능숙하게 대답했습니다.

사회자는 말을 하면서 방청객들과 눈을 맞추었습니다. 테이블에 놓인 생수 한 컵으로 입술을 축인 후 사회자는 마이크를 다시 잡고 방청객 쪽으로 자세를 가다듬었습니다.

"마지막으로 우리 한국의 영화를 세계에 알린 영화감독 조빈 씨를 모셨습니다. 〈신의 목소리〉라는 영화로 미국 할리우드에 진출하여 한국 영화로는 최초로 박스 오피스 1위와 아카데미상을 차지한 한국인 영화감독인 것은 여러분도 다 아실 것입니다. 이 방송을 시청하고 계신 분 중에 이 영화를 보지 않은 분은 안 계시리라 생각되는데요. 이번에는 조빈 감독님의 성공 비결을 한번 들어 보도록 하겠습니다. 조빈 감독님에게 가장 중요한 성공 비결은 무엇이었나요?"

카메라는 서서히 조빈 감독의 얼굴을 클로즈업했습니다.

조빈 감독은 방청객들을 뚫어지게 쳐다보며 천천히 입을 열었습니다.

"관심! 관심! 관심!"

"네? 그게 무슨 뜻이죠?"

사회자의 눈이 토끼 눈처럼 동그래졌습니다. 방청객들도 호기

심 어린 표정으로 조빈 감독을 쳐다보았습니다.

사람들의 눈이 모아진 조빈 감독의 얼굴에는 온화한 미소가 번졌습니다.

"관심을 가지는 것, 그것이 내 인생 성공의 시작이었습니다."

사람들이 의아해하자 그는 이런 대답으로 성공의 해답을 주었습니다.

"사실 성공은 그다지 거창한 것에서 시작되지 않습니다. 관심, 관심을 가지는 것이 내가 성공할 수 있었던 가장 큰 이유입니다. 삶에 대해, 자신이 원하는 일에 대해 더 많은 관심을 기울이면 삶은 반드시 그에 합당하는 보석 상자를 우리에게 내미는 법입니다. 더 많이 넣어 두면 더 많이 얻게 되는 것. 그것은 은행에서 이자가 붙는 것뿐만 아니라 삶에도 해당되는 법칙이지요. 삶은 내가 삶에 보여 준 관심, 우리에게 꼭 그 크기만큼의 값진 것을 선물하는 법이니까요."

관심 1법칙

도서관에서 일어난 일

**관심, 눈을 크게 뜨고 관심을 가지면 보이지 않던 것들이 보이기 시작하고,
불가능했던 일들이 가능해지기 시작합니다.**

"야, 방학이다."

함성과 함께 교실 뒷문이 열리고 아이들이 물밀듯 밀려 나왔습니다.

어깨에는 책가방을 메고, 두 손 가득 종이 가방에 책이랑 준비물들을 들고 교문을 빠져나오기 시작했습니다.

아이들은 삼삼오오 짝을 이루어 참새처럼 재잘대며 골목길을 걸어갔습니다.

방학을 맞이한 아이들의 발걸음은 깡충깡충 신바람이 났습니다. 하지만 딱 한 가지 아이들의 그 자유를 방해하는 훼방꾼이 있었습니다.

그것 때문에 아이들의 마음에는 무거운 돌덩이 하나가 들어앉아 있는 것처럼 느껴졌습니다.

투덜이 민세가 입을 열었습니다.

"방학 숙제 중에 왜 하필 봉사 활동을 한 번 하라는 숙제가 있는는 건지 모르겠어. 다른 것은 다 좋은데. 도대체 봉사 활동을 어디서 하란 말이야?"

승민이는 맞장구를 치며 말했습니다.

"그러게 말이야, 선생님은 이상한 방학 숙제를 내주어서 우리를 이렇게 고민에 빠지게 하는지 몰라."

자칭 만물박사인 현준이가 거들먹거리며 말했습니다.

"뭘 그까짓 것 가지고 그래. 그까짓 것 대충, 좋은 방법이 있지."

아이들의 대답 합창이 이어졌습니다.

"뭔데?"

아이들은 그다지 믿음이 가는 표정은 아니었지만 혹시라도 현준이의 입에서 어떤 방법이 나올지 모른다는 기대감에 시선을 집중했습니다.

"야, 우리 동네에서 버스 한 정거장만 가면 구립도서관이 있잖아. 그곳에서 책 정리하는 봉사 활동을 하면 되잖아. 생각해 봐. 이 추운 날씨에 밖에서 하는 봉사 활동 해 봐. 얼마나 힘들겠니.

도서관에 가서 따뜻한 히터 아래에서 눈치껏 책 정리하는 척하다가 봉사 활동 확인서만 받아 오면 되는 걸 뭘 그렇게 고민하니."

"그래, 맞다. 그것만 한 봉사 활동이 없겠는걸."

빈이는 평소처럼 아무 말 없이 아이들이 하는 말을 묵묵히 듣고 있을 뿐이었습니다.

아이들은 현준이의 제안에 주먹을 쥔 채로 엄지손가락을 쭉 내밀며 키득키득 웃었습니다.

"그럼 우리 쇠뿔도 단김에 뽑으라고 내일 당장 전부 도서관으로 봉사 활동 가는 건 어때?"

빈이도 내심 걱정을 많이 했는데 걱정이 하나 덜어진 것 같아서 홀가분해지는 느낌이 들었습니다.

"굿 아이디어!"

잠시나마 아이들의 마음을 짓눌렀던 봉사 활동에 대한 걱정은 휘파람을 타고 저 멀리 날아가 버렸습니다.

"안녕, 그럼 내일 보자."

"그래, 내일 늦지 마."

다음 날 오후, 아이들은 도서관 공원에 모였습니다.

"왜 현준이는 아직까지 안 오는 거야."

"그러게 말이야. 여기에 오자고 먼저 말한 게 누군데 자기가 늦는 거야."

"어? 저기 현준이 보인다."

현준이는 20분이나 약속 시간에 늦으면서도 여유만만하게 오고 있었습니다.

"후유, 하여튼 알아줘야 한다니까."

아이들 입에서 볼멘소리가 흘러나왔습니다.

현준이는 도착하자마자 거드름을 피웠습니다.

"자, 다 모였지. 내가 늦은 데는 다 이유가 있어. 원래 주인공은 늦게 나타나는 법이라고. 한 명, 두 명, 세 명……."

현준이는 손가락으로 아이들이 다 모였는지 헤아렸습니다.

"음, 다 모였군. 이제 도서관으로 렛츠 고."

도서관 정문의 자동문이 열리자 아이들은 왁자지껄 뛰어 들어갔습니다.

쿵쿵쿵!

아이들의 발자국 소리가 조용한 도서관 건물에 울려 퍼졌습니다. 빈이는 내심 불안했습니다.

도서관에서는 조용히 해야 하고, 걸음도 소리를 내지 않고 걸어야 하는데 아이들의 조심성 없는 모습이 마음에 걸렸습니다.

아이들은 도서관에 도착은 했지만 어디로 가야 할지 몰라 두리번거리고 있었습니다.

"야, 어디 가서 허락을 받아야 하는 거야?"

"그러게 말이야. 우리 함께 찾아보자."

아이들은 이곳저곳을 기웃거리기 시작했습니다.

"아마 저길걸."

민균이가 손짓을 한 곳으로 아이들은 방향을 틀었습니다. 그곳에는 〈종합 자료실〉이라 적힌 커다란 팻말이 걸려 있었습니다. 아이들은 까치발을 하고 안을 들여다보기 시작했습니다.

"내 말이 맞지? 사람들이 책 보고 있고, 도서관에서 일하는 사람이 책을 정리하고 있잖아."

그제야 안심이 된다는 듯 아이들의 휴 하는 한숨 소리가 나지막이 들려왔습니다.

제일 용감한 현준이가 앞장서서 문을 열고 들어갔습니다.

현준이는 중앙에서 컴퓨터에 앉아 무언가 작업을 하고 있는 사서 누나 앞으로 가서 대뜸 말했습니다.

"안녕하세요, 저희들 봉사 활동 하러 왔는데요."

갑작스러운 현준이의 목소리에 도서관의 사서 누나는 놀라는 눈치였습니다.

더군다나 초등학생 여섯 명이 떡하니 서 있으니 당황했을 것입니다.

"어? 그, 그래."

사서 누나는 금방 미소를 머금으며 이렇게 말했습니다.

"보통 우리 도서관에는 중학생들이 많이 오는데, 초등학생들은 오래간만인걸. 어서 와."

"누나, 우리가 할 일이 뭐죠?"

사서 누나는 자리에서 일어나더니 책들이 많이 꽂혀 있는 곳으로 안내했습니다.

"응, 이리 와 보렴."

아이들은 사서 누나의 뒤를 종종걸음으로 따라갔습니다.

"여기에 보면 사람들이 책을 꺼내서 아무렇게나 놔두었지? 이런 책들을 번호에 맞게 정리를 하면 된단다. 여기를 보렴. 813-김-127이라고 있지? 먼저 '813'이 적혀 있는 책꽂이로 가서, '김'이라고 적힌 곳을 찾고, 127번째에 꽂아 두면 된단다."

"네!"

아이들의 우렁찬 목소리가 들리자 갑자기 사서 누나의 얼굴이 노래졌습니다.

"쉿!"

사서 누나는 검지손가락을 세워 입에 대고 조용히 하라는 시늉을 했습니다.

아이들은 들릴 듯 말 듯한 목소리로 동시에 말했습니다.

"아, 맞다. 키키."

아이들은 서로의 얼굴을 쳐다보면서 웃어 댔습니다.

"자, 나를 따라오라고. 오늘은 내가 봉사위원이야."

현준이의 말에 민세는 꽈배기 비꼬듯 말했습니다.

"그래, 그래라. 교실에서는 봉사위원이 절대 될 수 없으니, 이런 곳에서라도 봉사위원 한번 해 봐야지. 아마 평생 처음이자 마지막일 거다."

"이게?"

아이들은 현준이와 민세가 장난스럽게 티격태격하는 모습을 재미있게 바라보고 있었습니다.

예진이가 말했습니다.

"자, 이제 장난은 그만 하고 진짜로 일을 해야 하잖아."

"그래, 우리는 봉사 활동 하러 왔잖아."

아이들은 함께 모여서 책 수레에 담긴 책들을 번호별로 나누기 시작했습니다.

"이건 100번대, 이건 200번대, 이건 700번대, 이건 800번대."

아이들의 손이 분주해졌습니다.

빈이도 아이들 속에 어울려 평소의 모습대로 열심히 했습니다. 책을 정리하는 것은 생각보다 쉬운 일은 아니었습니다.

중간중간에 책들이 아무렇게나 뒤엉켜 있었고, 800번대 책들 사이에 300번대의 책들이 섞여 있어 그것들을 구분해 내는 것도 어려웠습니다.

하지만 아이들은 이곳저곳을 왔다 갔다 하면서 열심히 일을 했습니다.

아이들의 그런 모습을 한 중년의 아저씨가 흐뭇하게 바라보고 있었습니다.

"어? 저곳에는 키가 닿지 않는데 어떡하지?"

책꽂이의 윗부분은 아이들의 키가 닿지 않는 곳이었습니다.

"이걸 밟고 올라가면 돼."

사서 누나는 사다리를 준비해 주었습니다.

아이들은 책이 키 높이보다 훨씬 높은 곳에 있는 경우에는 사서 누나가 준 사다리를 받쳐서 올라갔습니다.

빈이는 사서 누나가 준비해 준 사다리를 오르고 있었습니다.

"야, 이런 곳에 올라가는 것은 내가 선수잖아. 빈이 내려와 봐. 내가 올라갈 테니."

자칭 봉사위원 현준이의 말에 빈이는 슬그머니 내려왔습니다. 현준이는 책을 한꺼번에 다섯 권이나 들고는 사다리 위로 올라갔습니다.

"잘 잡고 있어."

현준이는 성큼성큼 사다리 위로 올라갔습니다. 밑에서 잡고 있던 빈이는 현준이의 그런 모습이 위태위태해 보였습니다.

"자, 여기에 하나 꽂고, 또 여기에 하나."

그런데 그 순간 빈이의 외마디소리가 들려왔습니다.

"어, 어, 악."

쾅당 하는 소리와 함께 사다리가 넘어졌고, 현준이도 넘어져 버렸습니다.

"아, 아야."

놀란 빈이는 현준이를 이리저리 살폈습니다.

"현준아, 다친 데 없어?"

소리를 듣고 아이들은 넘어져 있는 현준이 주위로 모였습니다.

"현준아, 괜찮아?"

현준이는 빈이를 째려보았습니다.

"뭐, 괜찮냐고? 이게, 누구 약 올리는 거야? 왜 똑바로 안 잡아서 이런 일이 일어나게 해. 하여튼 너는."

현준이는 몸을 추스르고 일어나서는 빈이를 밀쳤습니다.

"야, 가자. 에이, 재수 없어. 하여튼 빈이가 끼면 될 일도 안 된단 말야."

현준이는 그 말을 툭 던지고는 아이들에게 따라오라는 손짓을 하고는 가 버렸습니다.

　아이들은 우물쭈물하고 있었습니다.

　빈이가 잘못한 것 같지는 않은데 현준이가 저렇게 화가 나 있으니 아이들은 어찌해야 할 바를 모르는 듯했습니다.

　그래도 현준이의 성격을 아는지라 현준이를 따라갔습니다. 빈이는 서러움이 복받쳐 왔습니다.

　자신이 사다리를 잘못 잡고 있었던 것도 아닌데 현준이가 저렇게 몰아붙이니 억울했습니다. 눈앞이 약간 흐려지려고 했지만 빈이는 어금니를 꽉 깨물고 눈물을 참아 냈습니다.

　잘못한 것도 없는데 이런 곳에서 눈물을 흘린다면 더 놀림을 받는다는 것을 빈이는 잘 알고 있었기 때문이었습니다.

　빈이는 엉덩이를 땅에 붙이고 등을 커다란 책꽂이에 기대었습니다. 앉아서 이런저런 생각을 해 보았습니다.

　'나는 왜 현준이 앞에서 내가 잘못한 것이 아니라 너의 실수라고 말하지 못한 것일까? 나도 좀 자신감 있는 아이가 되고 싶어.'

　빈이는 적극적이지 못한 자신의 성격이 못마땅했습니다.

　'나는 왜 이런 걸까?'

우울한 기분으로 있던 빈이는 무심코 고개를 들어 보았습니다.
그런데 도서관의 〈종합 열람실〉에서 2시간 넘게 있었는데도 전혀 보지 못했던 것들이 빈이의 눈에 들어왔습니다.

그것은 도서관의 벽면 쪽에 걸려 있는 많은 사진들이었습니다.

"어, 저게 뭐지?"

빈이는 쭉 살펴보았습니다.

그곳에는 에디슨, 아인슈타인, 빌 게이츠, 조앤 롤링, 오프라 윈프리, 타이거 우즈, 스티븐 스필버그, 링컨, 베컴 등의 사진이 걸려 있습니다.

그 사람들은 한눈에 척 보기에도 인생 최고의 성공을 거둔 사람들이었습니다.

벽면에 걸려 있는 그들의 사진 밑에는 이런 글들이 적혀 있었습니다.

〈당신도 이 사람들처럼 될 수 있습니다. 이곳에서 성공의 길을 찾으세요.〉

'나 같은 아이가 어떻게 저런 분들처럼 될 수 있단 말이야. 말도 안 돼. 내가 어떻게 저런 사람이 될 수 있겠어? 하지만 부럽긴 한걸!'

빈이는 사진 속의 성공한 사람들을 쭉 살펴보았습니다.

하지만 그 사람들은 자기와는 전혀 다른 세상에서, 전혀 다르게 성장한 사람들이란 생각이 들었습니다.

'참, 그래도 하던 일은 마저 해야지.'

빈이는 그만 자리에서 일어났습니다.

주위에 정리되지 않은 채 흩어져 있는 책들.

좀 전에 현준이의 사다리를 잡아 주다가 떨어진 그 책들을 주우려고 했습니다.

책들을 모두 모아서 정리하다 보니 어떤 책 한 권에 포스트잇 한 장이 붙어 있었습니다.

'이게 뭐지? 책 표지에 웬 포스트잇이야?'

호기심으로 그 포스트잇을 보았더니 글씨가 적혀 있었습니다.

성공은 '관심'에서 시작된다.
관심 1법칙 : 내가 진정으로 원하는 것을 찾아라.

'이게 뭐야? 누가 낙서를 한 건가?'

빈이는 고개를 갸우뚱거렸습니다.

'관심? 내가 진정으로 원하는 것을 찾아라? 도대체 이게 뭐지?'

빈이는 대수롭지 않은 듯 그 포스트잇을 뜯고 책을 책꽂이에 정리했습니다.

"야, 빈아. 시간 다 되었대. 이리 와."

좀 전에 있었던 현준이와의 일이 마음에 걸렸는지 예진이가 빈이 곁에 다가와 상냥스럽게 말했습니다.

그러는 사이 어느덧 약속했던 3시간이 흘러가 버렸습니다.

"친구들, 고생했어요. 여기 봉사 활동 확인증이에요."

도서관의 사서 누나는 파란색 도장이 찍힌 종이 한 장을 아이들에게 내밀었습니다.

"야호!"

아이들은 그 종이가 1등이라고 적힌 성적표라도 되는 양 애지중지하며 자신의 호주머니 속에 조심스럽게 넣었습니다.

아이들은 도서관에서 빠져나와 도서관 앞에 있는 조그마한 공원에서 여기저기로 뛰어다니며 놀기 시작했습니다.

역시 열심히 일하고 난 이후에 가지게 되는 휴식은 달콤한 사탕 같은 것인가 봅니다.

아이들이 그렇게 뛰어노는 순간에도 빈이의 머릿속에는 궁금증

하나가 계속해서 맴돌았습니다.

빈이는 자신의 호주머니에 들어 있는 무언가를 슬그머니 꺼내었습니다.

그것은 책에 붙어 있었던 포스트잇이었습니다.

〈관심 1법칙 : 내가 진정으로 원하는 것을 찾아라.〉

'이게 도대체 무엇이지? 누가 아무 이유 없이 장난친 것은 아닌 것 같은데……. 내가 진정으로 원하는 것이 무엇인지 찾아보라고?'

해거름 녘이 되자 아이들도 이제 집에서 기다리고 계실 어머니의 잔소리가 슬그머니 걱정이 되기 시작했나 봅니다.

"너무 늦은 것 같아."

"이제 집에 가자. 방학 잘 보내고. 우리 가끔씩 보자."

"그래, 학원에서도 볼 텐데 웬 걱정이야."

아이들은 더 놀지 못하는 아쉬움에 손을 흔들며 헤어졌습니다.

관심 1법칙

내가 원하는 것을 찾아내는 것. 그것은 성공의 출발점이자 도착점입니다.
내가 원하는 것을 찾았을 때, 인생의 모범 답안이 보이기 시작합니다.

딩동, 딩동.

벨소리가 경쾌하게 거실에 울려 퍼졌습니다.

"아버지, 오늘은 일찍 오셨네요."

빈이는 현관문을 열어 드리며 인사를 했습니다.

"응, 빈이 방학 첫날인데 뭘 했어?"

"도서관에 봉사 활동 다녀왔어요."

"그래? 우리 빈이가 오늘 보람 있는 일을 했구나."

부엌에서 음식을 준비하고 계시던 어머니도 하던 일을 멈추고 아빠를 반기셨습니다.

"오셨어요? 오늘 일찍 오셨네요."

"응, 이거 집 안에 맛있는 냄새가 진동하는걸. 아유, 배고프다. 빨리 저녁 준비해 줘."

아버지는 여느 때와 똑같은 순서대로 방으로 들어가신 후 옷을 갈아입으시고 화장실로 씻으러 들어가셨습니다.

"오래간만에 우리 아들, 딸과 함께 저녁 식사를 하는구나."

은행에 다니시는 아버지는 사실 늦게 퇴근하는 적이 많아서 가족끼리 저녁 식사를 하는 것은 쉽지 않은 일입니다.

다른 사람들은 은행이 4시 30분에 문을 닫으니 은행원들도 일찍 퇴근할 것이라 생각하지요.

하지만 은행원의 일은 은행 문을 닫고 나서부터 본격적으로 시작되기 때문에 일찍 퇴근하지 못하는 일이 허다합니다.

빈이도 아빠가 은행원이 아니었다면 당연히 그렇게 생각했을 것입니다.

저녁 식사 중에 아버지는 텔레비전 리모컨을 들고는 채널을 돌리셨습니다.

"8시 뉴스를 전해 드리겠습니다."

한참을 뉴스를 듣고 있던 아버지는 빈이에게 한마디를 툭 던지셨습니다.

"빈이 너, 요즘은 마이크 잡고 연습 안 하더라."

"네?"

빈이는 아버지가 갑자기 무슨 이런 엉뚱한 말씀을 하시나 하는 표정이었습니다.

"왜 너 예전에 뉴스를 진행하는 아나운서가 되고 싶다면서 마이크 잡고 연습도 하곤 했잖아. 아빠 양복에 넥타이까지 매고 말이야."

빈이는 그제야 아버지가 하신 말씀이 무슨 뜻인지 눈치를 챘습니다.

그러자 어머니가 웃으며 말씀하셨습니다.

"애가 뭐 꿈이 한두 가지였나요? 지난번 월드컵 대회 때는 축구 선수가 되겠다고 하고, 또 지난번에 텔레비전에 미국 대학에 수석 입학한 유학생이 나왔을 때에는 자기도 공부 열심히 해서 유

학 가겠다고 했잖아요. 여태껏 꿈이 한 다섯 번 정도는 바뀌었을 걸요?"

여동생은 빈이의 얼굴을 바라보며 킥킥 웃기 시작했습니다.

"너, 웃지 마."

빈이는 밥이 입으로 들어가는지, 코로 들어가는지 모르게 밥그릇에 얼굴을 파묻고 먹기 시작했습니다.

"야, 좀 천천히 먹어라. 그러다 체하겠다."

어머니의 그 말씀에도 아랑곳하지 않고, 빈이는 얼른 먹고는 방으로 들어와 버렸습니다.

방으로 들어온 빈이는 방바닥만큼이나 뜨거워진 자신의 볼을 만져 보았습니다.

걸핏하면 꿈이 바뀌었던 자신의 모습이 부끄러워서 그런 것이겠지만, 한편으로는 그럴 수도 있다는 생각이 들었습니다.

밥을 먹고 책상에 앉은 빈이는 습관처럼 컴퓨터를 켜려고 했습니다.

'어휴, 그럴 줄 알았어. 왠지 밥을 허겁지겁 먹는다 했더니 역시나 게임하려고 그랬지?'

동생의 핀잔 소리가 들려오는 것 같아서 그만두었습니다.

'방학 첫날인데 일기나 써야지.'

빈이는 일기장을 자신의 책꽂이에서 꺼내려 했습니다.

책장에 손을 뻗어 보니 초등학교 1학년 때부터 써 왔던 일기장들이 나란히 꽂혀 있는 것을 발견할 수 있었습니다.

'가만, 옛날 일기장을 한번 볼까?'

별 할 일도 없고, 심심하던 차에 재미있는 오락거리가 생긴 것 같은 느낌이었습니다.

빈이는 오랜만에 예전의 일기장을 펼쳐 들고 하나하나 읽어 가기 시작했습니다.

한참을 읽다 빈이는 아무도 없는 방에서 혼자 킥킥대며 웃음보를 터뜨렸습니다.

'그래, 2학년 때 짝지 희진이가 날 좋아했지.'

'보이스카우트 캠프는 정말 재미있었어.'

빈이는 찬찬히 일기장을 넘겼습니다.

그때 빈이의 눈에 들어오는 일기가 하나 있었습니다.

"나는 꼭 영화감독이 될 것이다. 오늘 아버지가 빌려 온 디브이디 〈쥬라기 공원〉은 정말 환상적이었다. 공룡이 실제로 살아 움직이는 것 같은 그래픽. 디브이디를 본 지가 5시간이 넘었는데 아직까지 그 장면들이 기억에서 사라지지 않는다.

 아버지 말씀으로는 〈쥬라기 공원〉이라는 영화의 매출액은 8억 5000만 달러로 현대자동차 150만 대를 수출한 것과 같은 금액이었다고 한다. 그것은 현대 차가 2년 동안이나 차를 만들어 수출한 돈과 비슷한 엄청난 금액이라고 한다. 이 영화를 만든 스티븐 스필버그 감독은 참 대단한 영화감독인 것 같다. 나뿐만 아니라 전 세계인들의 눈을 사로잡는 영화감독이라는 직업은 참 멋진 직업인 것 같다."

 그 일기를 읽자 빈이는 갑자기 호흡이 가빠지고, 가슴은 망치질을 하는 것처럼 쿵쾅쿵쾅거렸습니다.

 잠시 잊고 있었던 수학 공식이 갑자기 떠오르는 느낌이었습니다.

 '영화!'

 순간 빈이는 호주머니에

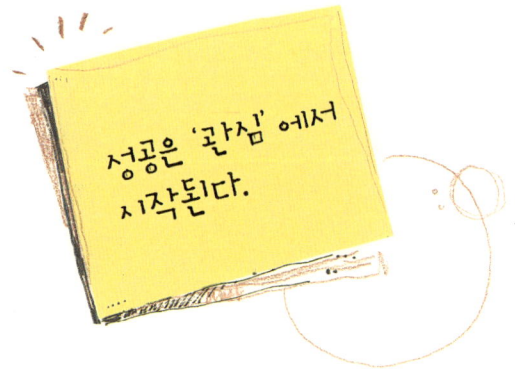

성공은 '관심'에서 시작된다.

손을 집어넣었습니다.

　아니, 정확하게 말하면 그것은 빈이의 의지와는 상관없는 일처럼 저절로 손이 호주머니로 향하는 것이었습니다.

　빈이는 손에 잡히는 포스트잇 종이를 꺼냈습니다.

성공은 '관심'에서 시작된다.
관심 1법칙 : 내가 진정으로 원하는 것을 찾아라.

　빈이는 잠시 잊고 있었던 자신의 꿈이 모락모락 피어나는 것을 느꼈습니다.

어린 시절 부모님의 손을 잡고 극장에서 본 최초의 영화 〈스타워즈 에피소드 1〉. 너무도 흥미진진했던 〈반지의 제왕〉, 그리고 소설보다 더 재미있었던 영화 〈해리 포터〉 시리즈, 그리고 최근에 본 〈트랜스포머〉, 개그맨이었던 심형래 감독이 만든 한국 최고의 SF영화 〈디 워〉까지.

어두웠던 영화관에서 자막이 올라오고, 영화관 불이 환하게 켜지면 느껴지는 그 감동.

빈이에게 그 감동은 어떤 것으로도 쉽게 표현할 수 없을 정도로 엄청난 것이었습니다.

'그래, 내가 진정으로 원하는 것은 바로 이것이었어!'

영화감독.

빈이는 자신이 되고 싶었던 여러 가지 희망 사항을 하나씩 되짚어 보았습니다.

월드컵으로 세상이 열광할 때, 자신도 잠시 축구 선수가 되고 싶었고, 여학생들이 아이돌 그룹에 열광하는 것을 볼 때면 자신도 인기 있는 가수가 되고 싶다는 생각을 해 보았고, 미국 하버드 대학에 진학한 한국인들의 모습이 부러워 자신도 그렇게 되고 싶다는 생각을 해 보았습니다.

하지만 되돌아보니 그것은 꿈이 아니었습니다.

그것은 단지 희망 사항에 불과했습니다.

그런 것들을 상상할 때는 간절한 열망이 없었기 때문이었습니다. 되면 좋고, 안 돼도 그만이라는 생각을 가지고 있었던 것이지요.

그리고 텔레비전에서나 다른 곳에서 많은 유명인들이 나오면, 부러움에 그런 마음을 잠시 가져 보았던 것뿐이었습니다.

하지만 영화감독에 대한 꿈은 달랐습니다. 영화를 생각할 때면 다른 때 느끼지 못하던 열정과 의지가 샘솟아 올랐습니다.

재미있는 영화를 볼 때면 컴퓨터의 바탕 화면을 영화 포스터로 바꾸기도 했고, 영화관에서 본 극장표는 꼭 자신의 일기장에 붙여 두었습니다.

그리고 영화를 본 후엔 단 한 번도 빠지지 않고 일기장에 내용과 느낌을 적곤 했습니다.

그래서 빈이의 일기장엔 영화 이야기로 가득했습니다. 평소엔 느끼지 못했는데 오늘 일기장을 전부 읽어 보니 그 사실을 더욱

절실하게 느낄 수가 있었습니다.

 빈이는 한여름 더운 날 타는 목마름에 힘들어할 때, 냉수를 마신 것처럼 머리에서 발끝까지 시원하고 상쾌해지는 느낌이 들었습니다.

 자신의 앞을 가리고 있던 짙은 안개가 서서히 걷히는 기분이었습니다.

〈관심 1법칙 : 내가 진정으로 원하는 것을 찾아라〉

 자신의 꿈에 대한 모범 답안이 손에 꽉 쥐어진 듯한 느낌이었습니다.

관심 2법칙

나의 마에스트로를 찾아라. 그리고 그를 만나라

〈마에스트로(maestro) : 어떤 한 분야에서 최고의 경지에 오른 거장이나 명인을 가리키는 말〉
나의 마에스트로를 만나 보세요.

관심 2법칙

관심 2법칙

〈목표〉 그것은 나의 인생 성공 표지판입니다.

 빈이는 며칠 후 다시 도서관을 찾았습니다.
 방학 중이라서 그런지 도서관에는 많은 사람들로 붐볐습니다.
 '도서관에 이렇게 책 읽고, 공부하는 사람이 많았단 말이야?'
 빈이는 그전에도 몇 번 도서관에 와서 책을 읽곤 한 적이 있었지만 도서관을 이용하는 사람이 이렇게 많다는 사실을 알지는 못했습니다.
 빈이는 도서관에 들어서자마자 〈종합 열람실〉로 갔습니다.
 그리고 며칠 전에 자신이 앉았던 자리로 갔습니다. 에디슨, 아인슈타인, 빌 게이츠, 조앤 롤링, 오프라 윈프리, 타이거 우즈, 스티븐 스필버그, 링컨, 베컴 등 인생 최고의 성공을 거둔 사람들의 사진들이 걸려 있는 바로 그 자리였습니다.
 빈이는 고개를 들어 쭉 한번 살펴보았습니다.

빈이는 그 자리에 선 것은 며칠 동안 자신의 머릿속에서 자리잡고 있던 물음표 하나를 해결하기 위해서였습니다.

빈이는 호주머니에 손을 넣고는 구겨진 포스트잇을 꺼내 들었습니다.

'이게 왜 책에 붙어 있었을까? 아무리 생각해 봐도 그냥 아무 의미 없이 붙어 있었던 것은 아닌 것 같은데…….'

빈이의 궁금증은 계속되었습니다.

허수아비처럼 그 자리에 가만히 서서 한참 동안을 생각에 잠겨 있었습니다.

그런데 갑자기 머리 위에서 무거운 목소리가 들려왔습니다.

"너 혹시 이걸 기다리고 있는 것은 아니니?"

빈이는 놀라 고개를 들어 보았습니다.

빈이의 옆에는 중년의 아저씨 한 분이 서 있었고, 그분의 오른손에는 포스트잇 하나가 들려 있었습니다.

빈이는 당황했습니다. 하얀 종이를 통해 비춰지는 것처럼 자기 마음을 들켜 버렸다는 느낌이 들었기 때문입니다.

"네? 아저씨는 누구세요?"

중년의 아저씨는 따스한 미소로 대답했습니다.

"우선 이것을 먼저 받으렴."

빈이의 손은 자연스럽게 아저씨가 건네는 포스트잇 쪽으로 향했습니다.

그 포스트잇에는 이런 글이 적혀 있었습니다.

관심 2법칙 : 나의 마에스트로(maestro)를 찾아라.
그리고 그를 만나라.

"아저씨, 아저씨는 도대체 누구세요? 그리고 이것은 뭐죠?"

그 아저씨는 대답 대신에 등을 보이고 걷기 시작했습니다.

빈이는 일어나 그 아저씨의 뒤를 따라가기 시작했습니다.

아저씨는 도서관을 나와 공원 벤치에 앉았습니다.

빈이의 발걸음은 아빠를 따르는 아이처럼 자연스럽게 아저씨의 뒤를 따랐습니다. 그리고 아저씨 옆에 앉았습니다.

"네 이름이 뭐니?"

갑작스러운 아저씨의 질문에 빈이는 가슴이 철렁 내려앉는 것 같았지만 곧 대답을 했습니다.

"네, 조빈이라고 합니다."

"응."

빈이는 아까부터 참아 왔던 궁금증에 대해 물었습니다.

"그런데 아저씨는 누구시죠?"

아저씨는 빈이를 쳐다보면서 말했습니다.

"응, 나는 이 도서관을 책임지고 있는 도서관 관장이란다."

"네? 아, 그러시구나."

빈이는 그 아저씨가 도서관의 관장님이라는 사실에 조금은 놀랐습니다.

그 사실을 알고 나자 빈이의 궁금증은 풍선처럼 더욱 부풀어 올랐습니다.

"그런데 아저씨가 주신 이 포스트잇은 뭐죠? 그리고 지난번에 제가 책을 정리하다 보았던 포스트잇과는 무슨 관계가 있는 건가요?"

자리에 앉은 두 사람 사이에는 숨을 고르는 침묵이 잠시 생겨났습니다.

"며칠 전에 나는 너와 친구들이 봉사 활동하러 온 것을 보았단다. 도서관을 한 번씩 돌아 보다 그 장면을 보게 된 거지. 중학생들이 봉사 활동을 많이 오긴 하지만, 초등학생들은 그렇게 많이 오는 편이 아니라 나는 너희들을 유심히 살펴보았단다.

그중에서 너는 무척 열심히 책을 정리하고 있더구나. 그런 와중에 네가 사다리를 잡고 있었고, 위에 있던 친구가 사다리에서 떨어지는 것을 보게 되었지."

"아, 그랬군요."

"그 친구 이름이 뭐지?"

"현준이에요."

도서관장 아저씨는 계속 말을 이었습니다.

"현준이라는 그 친구가 너를 몰아붙이는 모습을 보게 되었단다. 너의 잘못도 아닌데 너는 아무 말도 못 하고 자신감 없는 모습으로 풀이 죽어 앉아 있더구나. 그리고 네가 우리 도서관의 벽면에 붙어 있는 성공한 인물들의 사진을 보며 부러워하는 표정을 볼 수가 있었단다.

나는 그 모습을 보면서 순간적으로 옛날의 내 모습을 떠올리게 되었단다.

자신감 없던 한 아이에서 내가 원하고 좋아하는 일을 할 수 있게 된 지금의 모습까지. 그래서 너에게 인생 성공 방정식을 가르쳐 주고 싶었고, 그 포스트잇을 네가 볼 수 있도록 옆의 책에 붙여 둔 거지."

빈이는 그 말을 듣고 포스트잇을 처음 보게 된 일이 우연이 아니었다는 사실을 확인할 수 있었습니다.

"네가 진정으로 성공을 원한다면 다시 찾아올 것이라 생각했고, 나는 너를 기다리고 있었단다. 그리고 오늘 너를 다시 만나게 된 것이지."

빈이는 그제야 자신에게 일어났던 모든 일을 이해할 수 있겠다는 듯 머리를 끄덕였습니다.

실타래처럼 얽혀서 풀리지 않을 것 같았던 궁금증이 해결되니 기분이 상큼해졌습니다.

이제 빈이는 진짜 궁금한 것을 물어야겠다고 생각했습니다.

"그런데 이 포스트잇에 적힌 〈관심〉이 인생 성공 방정식에서 중요한 것인가요?"

아저씨는 빈이가 그 질문을 할 것을 미리 예상이라도 한 듯 막

힘없이 말했습니다.

"인생을 성공으로 이끄는 첫걸음이자 가장 중요한 핵심 키가 바로 관심이란다. 성공이라는 정상에 오르기 위해 첫걸음을 시작하는 것과 성공의 정상을 앞둔 마지막 걸음. 그동안에 가장 중요한 것이 바로 〈관심〉이라고 할 수 있단다. 성공의 시작이자 끝인 셈이지. 나는 그것을 너에게 알려 주고 싶단다."

"관심이 그렇게 중요한 것인가요?"

도서관장 아저씨는 가만히 고개를 끄덕였습니다.

"사실 저는 〈관심 1법칙 : 내가 진정으로 원하는 것을 찾아라〉라는 글을 읽고 내가 진정으로 하고 싶은 것, 내가 되고 싶은 것이 무엇인지 알아보기 시작했어요."

도서관장 아저씨의 입가가 살짝 들렸는데, 그 모습은 마치 사진을 찍을 때 '김치' 하며 올라가는 사람들의 입 꼬리 같았습니다.

"그래? 진정으로 네가 무엇이 되고 싶고, 무엇을 하고 싶은지 알게 되었니?"

빈이의 목소리에는 유달리 힘이 들어가 있었습니다.

"네. 내가 진정으로 원하는 꿈은 영화감독이라는 것을 알게 되었어요."

아저씨의 얼굴에는 미소가 꽃처럼 피어났습니다.

말씀은 안 하셨지만 빈이는 자신을 대견스럽게 생각한다는 느낌을 받았습니다.

"내가 왜 관심 1법칙으로 〈내가 진정으로 원하는 것을 찾아라〉를 너에게 알려 주었는지 아니?"

"아뇨."

"이미 넌 〈관심 1법칙 : 내가 진정으로 원하는 것을 찾아라〉를 충실해 해냄으로써 목표라는 것이 생겼단다."

"네, 목표요?"

"〈관심 1 법칙 : 내가 진정으로 원하는 것을 찾아라〉가 왜 중요한지 지금부터 내가 하는 이야기를 잘 들어 보렴."

무슨 일이든 열심히 하는 젊은이가 있었습니다.

"저 애는 뭘 저리 열심히 해? 어휴, 대단하다. 대단해."

〈성실함〉 하면 모든 사람이 그를 지목할 정도로 무슨 일이든 열심히 하는 친구였습니다.

고등학교를 졸업할 때도 친구들은 그를 보고 이렇게 말하곤 했습니다.

"저 애는 무슨 일을 하든지 반드시 성공할 거야. 저렇게 성실하고 열심히 하는데 뭐든 안 되겠어?"

그 사람은 사회에 나가서 직장 일을 열심히 했습니다. 그런데도 이상하게 성공은 그와는 먼 이야기였습니다.

하는 일이 늘 제대로 풀리지 않았습니다.

"저 사람은 도대체 왜 저렇게 일이 안 풀릴까? 뭐든지 열심히 하잖아."

"그러게 말이야. 참 이상하지?"

젊은이는 점점 지쳐 갔습니다.

'나는 왜 이런 거야? 나는 정말 운이 없는 사람일까?'

젊은이는 절망감에 빠져 모든 것을 포기하고 싶어졌습니다.

자신의 인생에 대하여 고민에 빠져 있던 젊은이는 그때 예전 기억이 떠올랐습니다.

'그래, 고등학교 시절에 선생님께서 나에게 열심히 하는데도 불구하고 일이 잘 풀리지 않을 때 찾아오라고 하셨지.'

젊은이는 고등학교 시절 선생님을 찾아갔습니다.

"선생님, 저는 아주 열심히 일을 했습니다. 그런데도 성공과는 거리가 멉니다. 저는 성실하고 노력하는데도 불구하고 왜 성공하지 못하는 것일까요?"

선생님은 젊은이의 직장 생활을 비롯해 그동안 겪은 일 등을 자세히 귀담아들었습니다.

선생님은 젊은이의 하소연을 다 듣고는 아무 말 없이 그 젊은이를 데리고 호수로 갔습니다.

"우리 호수에서 배를 한번 타 볼까?"

갑작스러운 선생님의 제안에 젊은이는 깜짝 놀랐습니다.

도대체 왜 갑자기 배를 타자고 하는 것인지 이해가 되지 않았습니다.

양쪽에 노가 달린 배를 타고 선생님이 말했습니다.

"애야, 저 건너편이 바로 성공에 이르는 길이란다. 한쪽 노만 저어서 저곳에 도달해 보아라."

젊은이는 오른쪽에 있는 노를 있는 힘을 다해 저었습니다.

하지만 배는 제자리에서 빙글빙글 돌 뿐, 단 1미터도 앞으로 나가지는 못했습니다.

선생님은 제자를 쳐다보며 말했습니다.

"다른 한쪽만 또 저어 보아라."

다른 한쪽만 노를 저으니 마찬가지로 빙글빙글 돌 뿐 앞으로 나아가지 못했습니다.

"애야, 네가 저은 그 노는 〈열심히 일하라〉라는 노란다. 그리고 다른 하나의 노는 〈뚜렷한 목표를 가져라〉라는 노란다. 성공의 길은 단순히 열심히만 한다고 해서 열리지 않는 것이며, 무엇이 되겠다는 뚜렷한 목표만 가진다고 해서 열리지도 않는 것이란다. 성공이라는 항구에 닿기 위해서는 양쪽의 노를 다 열심히 저어야 하는 것이지."

도서관장 아저씨는 잠시 빈이에게 생각할 시간을 주는 듯했습니다.

"내가 왜 이 이야기를 하는지 알겠니?"

빈이는 알 듯 말 듯, 알쏭달쏭한 표정을 지었습니다.

　"빈이 너는 〈관심 1법칙 : 내가 진정으로 원하는 것을 찾아라〉라는 포스트잇을 본 후 집으로 돌아가 진정으로 네가 되고 싶은 것에 관심을 가지게 되었어. 네가 원하는 것이 무엇인지 알게 된 것이지. 그것을 다른 말로 하면 분명한 목표를 세웠다는 것이란다. 〈목표〉 그것은 너의 인생의 성공 표지판이란다.

　우리가 어딘가를 향해 갈 때 표지판이 있으면 그 길을 잘 찾아갈 수 있지만, 표지판이 없으면 우왕좌왕하면서 길을 돌아가게 되는 법이지. 자신의 목표를 분명히 세워 두어야만 한단다. 자신

이 어떤 것을 하고 싶은지, 무엇이 되고 싶은지 간절히 원해야 한단다. 목표가 있는 사람과 목표가 없는 사람 사이에는 엄청난 차이가 생기는 법이거든. 목표를 설정하지 않은 사람들은 나중에 결국 목표를 설정한 사람들을 위해 일하게 되는 법이란다.

빈이 너는 관심 1 법칙을 통해 네가 진정으로 원하는 꿈이 무엇인지 발견하고, 그것이 되고 싶다는 목표를 세웠어. 대견하구나. 관심 1법칙을 이루어 냈으니 이제 관심 2법칙에 집중해 보렴."

아저씨의 자세한 설명에 빈이는 관심 2법칙에 대한 의지가 더욱 커졌습니다.

빈이는 관심 2법칙에 들어 있는 낯선 단어에 대해 물었습니다.

"아저씨, 그런데 마에스트로가 뭐예요?"

"응, 마에스트로란 음악계에서 대음악가나 지휘자를 일컫는 말인데 보통의 경우엔 어떤 한 분야에서 최고의 경지에 이른 거장이나 명인을 가리키는 말이란다."

"네, 그렇군요. 그런데 그분을 어떻게 만나요? 그분은 이미 돌아가신 분일 수도 있고, 해외에 계신 분일 수도 있잖아요?"

빈이는 아저씨가 그것을 모를 리가 없다고 생각하면서 이 질문을 던졌습니다.

"물론 그렇지, 그렇다고 해서 방법이 없는 것은 아니지 않을까?"

역시 생각했던 대로 아저씨는 이미 그 방법을 알고 빈이에게 관심 2법칙을 주었던 것입니다.

"가르쳐 주세요. 아저씨."

"가상 인터뷰!"

"네?"

아저씨의 설명이 시작되었습니다.

"가상 인터뷰를 통해 네가 알고 싶은 것들을 물어 보는 거지. 인터뷰(interview)는 사람을 만나 생각, 의견, 주장을 듣거나 궁금한 점을 묻는 것이잖아. 네가 영화감독 중에서 가장 존경하고, 가장 본받을 점이 많은 사람을 실제로 볼 수 있다면 실제로 인터뷰를 하면 된단다. 하지만 그 사람이 살아 있고, 우리나라에 살고 있더라도 실제로 인터뷰를 하는 것은 쉽지 않을 수도 있단다. 그

러니 다른 방법이 하나 있지. 실제로 볼 수 없다면 가상으로 만나서 인터뷰를 해 보는 거지."

"아, 그런 방법이 있었구나."

도서관장님은 한마디 더 덧붙이셨습니다.

"다만 한 가지 주의할 점이 있단다. 가상 인터뷰는 준비가 얼마나 잘 되었는지에 따라 승패가 달라지는 법이란다. 인터뷰 대상자인 너의 마에스트로에 대해 책, 잡지, 인터넷 등을 통해 미리 철저한 사전 조사를 해 두어야 한단다.

인터뷰 날짜와 장소, 인터뷰할 때의 질문거리도 미리 작성해 두어야 한단다.

그래서 질문거리를 작성하고 난 이후에 인터뷰 날짜와 시간이 되면 머릿속을 백지처럼 비우고, 네가 바로 그 마에스트로가 된 것처럼 생각하고 그 질문에 답을 적어 나가면 되는 것이란다."

빈이는 앵무새가 모이를 쪼는 것처럼 자기도 모르게 고개를 끄덕거렸습니다.

"빈아, 무엇이든 관심을 가지면 알게 되고, 알게 되면 사랑하게 된단다. 관심 2법칙을 잘 성공한다면 너는 조금은 다른 너로 변해

있게 될 것이야. 그때 다시 나를 찾아오렴."

'관심을 가지면 알게 되고, 알게 되면 사랑하게 된다?'

집으로 돌아오는 길에 빈이는 도서관장 아저씨로부터 받은 포스트잇을 펼쳐 보았습니다.

〈관심 2법칙 : 나의 마에스트로(maestro)를 찾아라. 그리고 그를 만나라〉

관심 2법칙은 빈이의 마음속에서 조용하게 물결치기 시작했습니다.

관심 2법칙

가상 인터뷰

열정은 '미치는 것' 입니다. '나는 재능이 없으니까.' '나는 실력이 없으니까.' 라는
핑계의 무덤은 이제 더 이상 만들지 마십시오.
가슴속에 뜨거운 열정의 도토리를 심으세요.

집으로 돌아온 빈이는 고민이 되었습니다.

'나의 마에스트로는 누구일까?'

먼저 빈이는 자신의 꿈을 다시 한 번 떠올려 보았습니다.

영화감독.

'영화감독 중에 진짜 나의 마에스트로는 누구일까?'

빈이는 자신이 존경하는 영화감독들을 떠올리기 시작했습니다.

자신이 좋아하는 만화영화 〈원령공주〉〈센과 치히로의 행방불명〉〈하울의 움직이는 성〉 등을 만든 미야자키 하야오가 먼저 떠올랐습니다.

일본을 세계 최고의 애니메이션 강국으로 만든 훌륭한 감독이기에 빈이가 아주 존경하고 있었습니다.

"영화감독으로서의 내 삶의 좌우명은 '아무리 힘든 일도 언젠가는 끝난다.' 라는 것이다."라는 미야자키 하야오 감독의 좌우명을 빈이는 예전에 수첩에 적어 놓았을 정도였습니다.

다음으로 빈이의 머릿속에 떠오른 감독은 우리나라 임권택 감독이었습니다.

〈서편제〉〈장군의 아들〉〈춘향뎐〉〈천년학〉 등의 대작을 만들었고, 〈취화선〉이라는 영화로 한국인 최초로 제55회 칸영화제 감독상을 수상했으며, 한국인 최초로 100편의 영화를 만든 감독님. 임권택 감독님은 한국적인 것을 가장 잘 표현한 세계적인 감독이기에 빈이는 그분을 많이 존경하고 있었습니다.

그다음은 심형래 감독이 떠올랐습니다.

한국에서 최고로 웃긴 개그맨, 한국에서 최고로 돈을 많이 번 개그맨. 어느 순간에 그런 영광을 모두 버리고 자신이 꿈꾸던 영화를 만든 사람.

〈용가리〉라는 영화의 실패 후에도 좌절하지 않고 〈디 워〉라는 영화로 한국 영화로는 미국에 최고로 많은 상영관을 확보하며 히트시킨 심형래 감독.

언젠가 잡지에서 본 심형래 감

독의 이 말은 빈이의 가슴에
아주 큰 감동을 주었습니다.

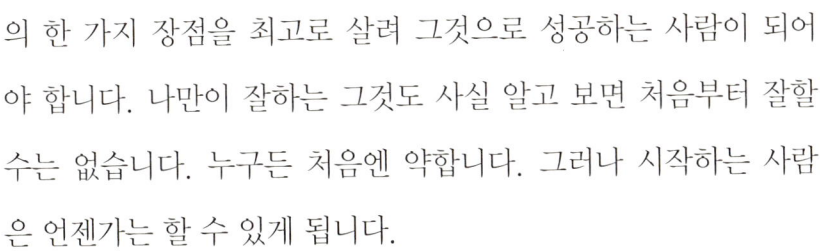

"남들이 흉내 낼 수 없는 자신만
의 한 가지 장점을 최고로 살려 그것으로 성공하는 사람이 되어
야 합니다. 나만이 잘하는 그것도 사실 알고 보면 처음부터 잘할
수는 없습니다. 누구든 처음엔 약합니다. 그러나 시작하는 사람
은 언젠가는 할 수 있게 됩니다.

시작하지 않고 뭉그적거리는 사람은 언제나 그 자리에 있지만
일단 시작하는 사람은 언젠가는 다른 자리에 서게 됩니다. 그리
고 내가 잘하는 그 한 가지로 인해 내가 하지 못하는 다른 열 가
지를 덤으로 얻게 됩니다."

〈괴물〉로 한국 영화 흥행 1위를 차지한
봉준호 감독, 〈타이타닉〉이라는 영화로
세계 영화 흥행 1위를 차지한 제임스
카메론 감독, 〈사이보그지만 괜찮아〉
라는 영화로 베를린영화제 특별상을
받은 박찬욱 감독도 빈이의 마에스트

로 후보에 오른 사람들이었습니다.

　빈이는 고민이 되었습니다.

　'나의 마에스트로는 누구로 정해야 할까?'

　빈이의 고민은 쉽사리 해결되지 않았습니다.

　빈이는 처음부터 다시 생각하기로 했습니다.

　자신이 영화감독이라는 꿈을 가지게 된 최초의 순간을 떠올렸습니다. 그랬더니 자신의 마에스트로는 의외로 쉽게 답이 나왔습니다.

　처음 일기장에 내 꿈을 적게 만들었던 사람.

　전 세계에서 제일가는 흥행의 마법사이자 세상 사람들이 가장 좋아하는 영화들을 만든 스티븐 스필버그 감독이었습니다.

　빈이는 인터넷에서 스티븐 스필버그 감독의 사진을 찾아 출력했습니다.

　출력한 사진을 자신의 책상 위에 붙였습니다.

　〈나의 마에스트로〉

　빈이의 마에스트로가 결정되는 중요한 순간이었습니다.

　'나의 마에스트로를 스티븐 스필버그 감독으로 결정했으니, 이

제 그를 만나러 가야지.'

빈이는 사진을 붙이고는 동네의 서점으로 나왔습니다.

스티븐 스필버그에 관한 책은 서점에 많이 나와 있었습니다.

빈이는 그중에서 두 권을 샀습니다.

사실 빈이가 자신의 용돈으로 책을 사는 것은 처음 있는 일이었습니다.

집으로 돌아가는 빈이의 발걸음은 봄 소풍 때처럼 가벼웠습니다. 빈이는 집에 오자마자, 방으로 들어갔습니다.

책상의 스탠드 불을 켜고는 의자에 앉았습니다.

부모님께서 책을 읽으라고 말씀하실 때는 책이 잘 읽히지 않았는데 스스로 읽고 싶어 읽으니 참 오랜만에 책 속으로 빠져 들게 되었습니다.

책을 읽다 보니 킥킥 웃음보가 터졌습니다.

'아니, 세계 영화의 최고 1인자인 스티븐 스필버그 감독이 어린 시절엔 공부도 잘 못하는 엉뚱 소년이었단 말이야? 〈외계인은 어떻게 생겼을까?〉 〈허리케인이 우리 집 앞마당을 휩쓸고 가면 어떻게 될까?〉 〈비행선을 탄 우주인은 오줌이 마려우면 어떻게 할

까?〉 등등 이런 엉뚱한 상상을 많이 했구나.'

유명한 사람은 어릴 때부터 남다를 줄 알았는데, 자신의 모습과 그렇게 다르지 않다는 사실에 빈이는 더욱더 친근감이 느껴졌습니다.

하지만 책을 조금 더 읽던 빈이는 바로 그 엉뚱한 상상력, 끊임없이 생겨나는 궁금증이 바로 스티븐 스필버그의 성공 요인이 되었다는 사실을 알게 되었습니다.

그리고 그 밑거름에는 어린 시절부터 책벌레였던 스티븐 스필버그의 책 사랑이 있었다는 사실을 알게 되었습니다.

"우리 드림웍스의 전용 도서관에는 웬만한 대학의 도서관보다도 더 많은 책이 있다. 지금도 나는 영화에 대한 주제가 막힐 때면 아무 일도 하지 않고 책을 읽는다. 그러다 보면 좋은 아이디어와 상상력이 생겨난다."는 마지막 구절을 읽으면서 빈이는 책을 덮었습니다.

빈이는 책상 위에 붙여 놓은 스티븐 스필버그 감독의 사진을 뚫어지게 쳐다보았습니다.

〈에이 아이〉〈라이언 일병 구하기〉〈쉰들러 리스트〉〈쥬라기 공원〉〈인디애너 존스〉〈E.T〉 등의 세계적인 영화는 그냥 쉽게 만들어진 것이 아니라는 사실을 뼈저리게 느낄 수 있었습니다.

'그래, 세계 최고의 길이 결코 쉬울 수가 없지. 하지만 인간이라면 할 수 있는 일이기에 누군가는 세계 최고가 되는 거야.'

빈이는 스티븐 스필버그에 대한 다른 책을 읽다 스르르 잠이 들었습니다.

다음 날. 빈이는 이번엔 인터넷으로 스티븐 스필버그에 대한 자료를 뒤지기 시작했습니다.

인터넷을 통해 스티븐 스필버그 감독이 만든 영화에는 어떤 것이 있는지, 또 어떤 화제를 낳았는지, 사람들이 어떤 평가를 내리는지에 대하여 많이 조사할 수 있었습니다.

스티븐 스필버그가 초등학교 때 수학을 거의 반에서 꼴찌 수준으로 못했다는 새로운 사실, 유태인이기 때문에 미국인 친구들에게 놀림을 많이 받았다는 새로운 사실 등을 알 수 있었습니다.

빈이는 스티븐 스필버그에 대해 알아 갈수록 더욱더 많은 궁금증이 생겨났습니다.

인터넷을 뒤지던 빈이의 엉덩이가 들썩거리기 시작했습니다.

빈이는 의자에서 일어나 집안 정리를 하고 계신 어머니께 다가갔습니다.

"엄마, 돈 1500원만 주세요."

"왜?"

"어제 스티븐 스필버그 감독에 대한 책을 읽었어요. 방학 숙제로 독후감을 써야 하는데 스티븐 스필버그 감독의 영화를 디브이디로 한 편 빌려다 보려고요. 그러면 독후감 쓰는 데 도움이 많이 될 것 같아요."

어머니는 방학 숙제라고 하니까 생글생글 웃으시며 두말없이 돈을 주셨습니다.

"2000원 줄 테니 500원은 마트에서 음료수라도 사 먹으렴."

게임을 한다거나, 군것질을 한다고 돈을 달라면 어림도 없는 일이지만 공부에 관계된 것이라면 언제든지 인심을 후하게 쓰시는 어머니입니다.

빈이는 디브이디 대여점으로 가서 수많은 스티브 스필버그의 영화 중에서 〈우주 전쟁〉이라는 영화를 선택했습니다.

대여점에는 〈에이 아이〉 〈라이언 일병 구하기〉 〈쥬라기 공원〉 〈인디애너 존스〉 〈E.T〉 등 빈이가 본 영화들도 많았지만 〈아이스 타드〉 〈터미널〉 〈쉰들러 리스트〉 등 빈이가 보지 못한 영화도 무척 많았습니다.

날쌘돌이 다람쥐처럼 재빨리 집으로 돌아온 빈이는 영화 감상을 시작했습니다.

리모컨으로 플레이 버튼을 누른 후 소파에 앉아 진지한 표정으로 영화감상을 시작했습니다.

참 신기한 일입니다. 자신이 좋아하는 것을 볼 때나 할 때면 왜 그렇게 시간이 빨리 지나가는지 모를 일입니다.

정확하게 1시간 56분이나 되는 긴 시간인데 빈이에게는 10분도 되지 않은 것처럼 빠르게 지나갔습니다.

텔레비전에서는 벌써 영화가 끝나고 출연진을 소개하는 자막과 마지막 음악이 흘러나오고 있었는데 빈이는 쉽사리 텔레비전을 끄지 못했습니다.

영화를 다 본 빈이의 입에서는 '역시 나의 마에스트로야!' 라는 혼잣말이 절로 나왔습니다.

다음 날 새벽.

해가 아직 떠오르지 않아, 어두움이 더 많이 남아 있는 고요한 새벽이었습니다.

빈이의 방에서는 도로에서 빠르게 달리는 자동차 소리만 간간이 들릴 뿐이었습니다. 빈이의 집에도 온통 불이 꺼져 있었고, 아무도 일어나지 않은 시간이었습니다.

빈이가 어머니보다 더 일찍 일어나는 것은 거의 없는 일이었습니다.

빈이는 책상에 앉아 백지 한 장을 앞에 놓고 무언가를 적어 나가기 시작했습니다. 그러고는 자신이 적은 내용을 쭉 살피더니 제일 위에 이렇게 적었습니다.

〈나의 마에스트로 스티븐 스필버그 감독과의 가상 인터뷰〉

나 : 안녕하세요. 처음 뵙겠습니다. 저는 한국의 조빈이라는 초

등학생입니다.

스티븐 스필버그 : 안녕하세요.

나 : 저도 감독님처럼 훌륭한 영화감독이 되고 싶습니다. 감독님께 궁금한 점을 인터뷰하려고 합니다.

먼저 감독님의 초등학교 시절에 대해서 말씀해 주시겠습니까?

스티븐 스필버그 : 초등학생 시절을 말하자면 좀 쑥스러운데 저는 학교에 가는 걸 그다지 좋아하는 학생은 아니었습니다.

하루는 "엄마, 머리가 너무 아파요. 머리 한번 만져 보세요."라고 말했더니 어머니는 나의 이마를 손으로 대어 보시고는 "정말이네. 감기에 걸렸나? 오늘은 학교에 못 가겠구나. 집에서 하루 쉬렴." 하고 말했지요.

사실은 머리에 열이 많이 난 것은 감기에 걸려서가 아니라 뜨거운 물을 손에 잔뜩 묻혀 이마에 묻히고, 1분 정도 숨을 쉬지 않고, 이마에 열을 올리기 위해 노력하기도 했을 정도였으니까요.

그 날이 수학시험을 치르는 날이라서 그랬지요.

나 : 감독님께도 그런 시절이 있었군요.

스티븐 스필버그 : 그런데 나에게는 취미가 두 가지 있었습니다. 그것은 아빠에게 선물 받은 비디오 카메라로 동물과 식물들을 찍는 것과 책을 많이 읽는 것이었지요.
　지금 생각하면 나의 영화감독 인생에 이 두 가지가 가장 큰 영

향을 미치고 많은 도움을 준 것 같아요.

 어릴 때부터 카메라를 들고 다니다 보니 누구보다도 잘 찍은 영화를 만들고 싶은 욕구가 강해졌고, 책을 통해 현실에서는 일어날 수 없는 일을 상상하다 보니 지금의 내가 있게 된 것이지요.

 나 : 감독님은 찍는 영화마다 모두 성공을 거두셨나요?

 스티븐 스필버그 : 대학 시절에 청소부, 편의점 아르바이트 등을 하여 모은 돈으로 〈앰블린〉이라는 16밀리 영화를 찍었지요.
 그런데 그 영화가 인정을 받고는 우쭐해졌지요. 그러나 〈나이트 갤러리〉라는 텔레비전 드라마를 찍으면서 엄청난 실패를 하고 말았어요. 그때 나는 깨달았습니다.
 '드라마쯤이야 별것 아니잖아.' 라는 자만심 때문이었다는 사실을 말입니다. 그 이후로는 아무리 하찮은 일에도 최선을 다하는 습관을 들였고, 그 때문에 좋은 영화들을 찍을 수가 있었지요.

 나 : 영화를 찍으며 상상력을 발휘한 예 하나만 말씀해 주시겠

습니까?

스티븐 스필버그 : 영화를 찍기 위해 고민을 하고 있을 때 어린 시절의 기억을 떠올린 적이 있지요. 해수욕장에서 친구들에게 한 거짓말 하나가 떠오르더군요.

"야, 저기 상어가 나타났어!" 하고 거짓말을 했더니 친구들이 엄청 겁을 먹었던 장면이 생각나 상어가 등장하는 영화를 만들겠다고 마음을 먹었죠.

그래서 만든 영화가 바로 〈조스〉라는 영화인데 스티븐 스필버그라는 이름을 세계적인 영화감독으로 만들어 준 최초의 영화였습니다.

나 : 네, 생활 속에서도 그런 좋은 영화 아이디어가 곳곳에 숨어 있었군요. 그럼 마지막으로 저같이 영화감독을 꿈꾸는 초등학생에게 들려주고 싶은 말을 한마디 해 주시기 바랍니다.

스티븐 스필버그 : 사람들은 가끔 나에게 영화로 성공한 원인이

무엇이냐고 묻곤 합니다.

  공부도 잘하지 못했고, 성격도 활발하지 못했던 내가 어떻게 세계 최고의 감독이 되었는지 궁금해하는 사람들이 많은 것이지요.

  그럴 때면 나는 짧게 〈열정〉이라고 말한답니다. 그리고 이런 말을 덧붙인답니다.

  '나의 고민은 상상력의 전원이 꺼지지 않는 것이다. 나는 항상 아침마다 너무 설레면서 잠에서 깨기 때문에 아침 식사를 할 수 없을 정도이다. 나는 기운이 모자라서 무엇을 못 해 본 적이 없다.'

  나는 가끔 열정을 '미치는 것'이라고 이야기하곤 한답니다.

  '나는 재능이 없으니까.' '나는 실력이 없으니까.'라는 핑계의 무덤은 이제 더 이상 만들지 마세요.

  가슴 속에 뜨거운 열정의 도토리를 심어 두세요.

  도토리는 작은 물건에 불과하지만 계속해서 물을 주고, 햇빛을 비춰 주면 훗날 푸르고 거대한 나무가 된답니다.

  나 : 오늘 인터뷰 너무 감사합니다. 제 이름 조빈을 기억해 주십

시오. 꼭 영화감독이 되어서 다시 만나겠습니다.
 빈이와 스티븐 스필버그 감독의 가상 인터뷰는 그렇게 끝을 맺었습니다.
 빈이의 이마에는 땀이 송글송글 맺혀 있었고, 창밖엔 이미 해가 솟아오르고 있었습니다.

관심 3법칙

마음 사용 설명서를 만들어라

성공하는 사람들의 인생에는 언제나 〈마음 사용 설명서〉가 있습니다.
성공한 사람의 마음 사용 설명서에는 이런 글귀가 새겨져 있습니다.
"모든 것에서 긍정적인 점을 찾아내는 내가 되자."

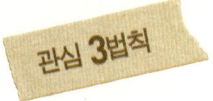

관심 3법칙

모든 것에서 가능함과 긍정적인 것을 찾아내는 사람. 그 사람의 인생에 아름다운 성공 교향악이 연주되는 법입니다.

똑똑!

빈이는 문 앞에서 하나, 둘, 셋을 마음속으로 헤아렸습니다.

처음 들어가 보는 곳이라 조금 긴장되었기 때문입니다.

"네, 들어오세요."

〈도서관장실〉이라고 적힌 팻말이 적힌 방문을 빠끔히 열고 들어갔습니다.

"아, 빈이구나. 어서 오렴."

"안녕하세요."

"예상보다 일찍 찾아왔는걸. 너의 마에스트로는 잘 만나 보았니?"

"네."

빈이는 씩씩한 목소리로 대답했습니다.

도서관장 아저씨는 마에스트로가 누구냐고 물었고 빈이는 스티븐 스필버그와 가상 인터뷰를 한 이야기를 했습니다.

도서관장 아저씨는 자리에서 일어나서 냉장고로 가 음료수 하나를 꺼내어 빈이에게 주었습니다.

"감사합니다."

빈이는 도서관장실의 주위를 이리저리 살펴보았습니다.

음료수를 한 모금 마신 빈이는 말을 꺼냈습니다.

"아저씨께서 주신 관심 1법칙, 관심 2법칙은 저에게 큰 도움이 된 것 같아요. 그래서……."

아저씨는 마치 그 말이 떨어지기를 기다리고 있었던 사람처럼 바로 대답을 했습니다.

"그래서? 관심 3법칙을 가르쳐 달란 거지."

빈이는 대답 대신에 머리를 긁적이며 미소를 지었습니다.

도서관장 아저씨는 일어나서 책상으로 가 포스트잇 한 장을 가져왔습니다.

빈이는 그 포스트잇에 이미 관심 3법칙이 적혀 있는 것을 보고 이런 생각이 들었습니다.

'아저씨는 내가 다시 찾아올 것이라는 사실을 이미 알고 있었구나.'

관심 3법칙 : 〈마음 사용 설명서〉를 만들어라.

빈이가 고개를 갸우뚱거리며 포스트잇을 계속해서 바라보고 있자 도서관장 아저씨는 말씀하셨습니다.

"빈아, 사람들이 MP3나 휴대폰 전화를 새로 사게 되면 제일 먼저 하는 것이 무엇이니?"

지금 상황에 전혀 맞지 않는 이야기 같은 느낌이 들었지만 빈이는 밝게 대답했습니다.

"그야 사용 설명서를 읽어 보고 작동법을 알아보는 것이지요."

"그래, 바로 그거야."

아저씨는 역시 기대했던 대답이 나왔다는 듯이 말을 이어 갔습니다.

"우리는 물건을 사면 사용 설명서를 먼저 읽어 보지. 그렇게 하면 그것을 가장 효과적이고, 가장 잘 사용할 수 있단다. 하지만 그렇지 못하고 아무렇게나 사용해 버리면 기계가 고장이 나 버리거나 작동이 되지 않는 경우가 많단다.

사람의 인생도 마찬가지란다.

사람의 인생은 마음을 어떻게 사용하는가에 따라 180도 달라지는 법이란다. 마음을 어떻게 사용하는가에 따라 인생이 어떻게 달라지는지에 대한 이야기를 하나 들려줄게."

사람이 되고 싶어 하는 양 두 마리가 있었습니다.

두 마리의 양은 사람이 되게 해 달라고 신에게 간절하게 빌었습니다.

신은 그들의 부탁이 너무도 애절했기에 그 부탁을 들어주기로 했습니다.

"이 산길을 따라가다 보면 꼭대기에 사람이 되는 약을 숨겨 놓았다. 가서 그걸 마시면 사람이 된다."

두 마리의 양은 각자 출발했습니다.

이틀이 지났습니다.

양 한 마리가 신에게 달려와 항의했습니다.

"신이시여, 왜 그 좁은 길에 돌멩이 하나를 놔두었습니까? 그 장애물 때문에 도저히 갈 수가 없었습니다."

신은 다른 한 마리의 양을 찾았습니다.

그런데 그 양은 이미 신비의 약을 먹었는지 사람이 되어 있었습니다. 다른 양은 화가 나서 물었습니다.

"너는 어떻게 그 커다란 걸림돌을 넘어갔니?"

이미 사람이 되어 있던 그 양은 이상하다는 듯이 고개를 갸우뚱거리며 말했습니다.

"걸림돌이라니? 그곳에는 디딤돌밖에 없던걸?"

"어떠니? 두 양에는 차이가 있었지? 어떤 차이가 있는 것 같니?"

아저씨는 빈이의 표정을 유심히 살폈습니다.

"한 양은 부정적으로 생각하고, 다른 양은 긍정적으로 생각한 것 같아요."

도서관장 아저씨의 얼굴이 밝아졌습니다.

"그렇지, 두 양은 다른 마음을 사용했기 때문에 결과도 엄청난 차이가 일어난 것이란다. 한 양은 〈마음 사용〉을 '부정적인 생각'으로 했고, 다른 양은 〈마음 사용〉을 '긍정적인 생각'으로 했기 때문에 그런 엄청난 차이가 생겨난 거야.

'성공하는 사람의 마음 사용 설명서'는 주로 어떤 검색 엔진을 사용할까? 부정적인 생각과 말을 검색하고 있을까, 아니면 긍정적인 생각과 말을 검색하고 있을까?

모든 것에서 가능함과 긍정적인 것을 찾아내는 사람. 그 사람의 인생에 아름다운 성공교향악이 연주되는 법이란다."

빈이의 고개가 저절로 끄덕여졌습니다.

"이제 알겠지? 〈관심 3법칙〉이 무엇을 의미하는지 말이야.

'성공하는 사람의 마음 사용 설명서'에는 반드시 들어 있어야 할 것들이 여러 가지가 있단다. 지금부터 〈마음 사용 설명서〉에 어떤 것들이 들어가야 할지 찾아내야 한단다. 그것을 찾아내면 너는 성공에 한 발자국 더 다가서게 되는 것이란다."

도서관장 아저씨의 말을 듣고 포스트잇을 다시 한 번 살펴보던 빈이는 〈마음 사용 설명서〉가 어떤 것인지는 이해가 되었지만 직접 만들어 보는 것은 쉽지 않겠다는 생각이 들었습니다.

"예를 들면 앞의 양 이야기에서는 '모든 것에서 긍정적인 점을 찾아내는 내가 되자.' 정도의 〈마음 사용 설명서〉를 만들 수 있겠지."

도서관장 아저씨는 열정을 다해 말씀을 하셔서인지 잠시 숨을 고른 후 다시 입을 열었습니다.

"이제 집으로 돌아가서 너의 〈마음 사용 설명서〉를 한번 만들어 보렴. 그런데 참, 빈이 넌 아인슈타인, 안철수, 링컨, 에디슨, 김대중 전 대통령, 히딩크의 공통점에 대하여 알고 있지?"

"네?"

빈이는 갑자기 도서관장 아저씨의 엉뚱한 질문에 당황하는 눈빛이었습니다.

"이 사람들의 공통점은 메모 전문가라는 점이란다. 사람의 기억은 바람과 같은 것이란다. 금방 왔다가 금방 날아가 버리기 일쑤란다. 그런데 종이에 메모해 두면 그것은 절대 잊어버릴 수가 없지. 그리고 잊어버렸다 해도 다시 보게 되면 그것을 금방 떠올릴 수가 있게 된단다. 너의 〈마음 사용 설명서〉를 그냥 생각만 해서는 진정한 네 것이 되지 못하고, 금방 사라져 버릴 수가 있단다. 너의 〈마음 사용 설명서〉를 만들었다면 반드시 적어 두렴. 그래야만 그것은 진정한 네 것이 된단다.

그것을 수첩이나 일기장 속에 적어 두거나 책상에 크게 적어 붙여 둔다면 그것은 앞으로 네 인생의 든든한 후원자가 되어 준단다."

"네, 알겠습니다. 꼭 적거나 기록해 둘게요."

"자, 이제 그러면 집으로 가서 너의 〈마음 사용 설명서〉를 발견하고 만들어 보렴."

그런데 빈이는 아무런 대답도 하지 않았고, 소파에 앉은 채 일어날 생각을 하지 않았습니다.

"저, 관장님. 혼자서 그걸 찾는 것은 좀 어려울 것 같은데……."

도서관장 아저씨는 빈이의 얼굴을 보더니 이해한다는 듯 입을 열었습니다.

"물론 쉬운 일은 아니지. 빈아. 너 오늘 어딘가에 가야 한다거나 약속이 있는 건 아니니?"

빈이의 얼굴에 생기가 돌기 시작했습니다.

"아뇨, 방학이라서 특별한 일은 없어요. 그리고 엄마께 도서관에서 책 읽다 온다고 이야기했으니까 괜찮아요. 오늘은 학원 수업도 없는 날이거든요."

아저씨는 빈이의 마음을 다 알았다는 듯 대답했습니다.

"좋아, 그러면 오늘 내가 너와 함께 도서관에서 시간을 보내며 〈마음 사용 설명서〉를 만드는 것을 도와줄게."

"감사합니다."

빈이는 밝게 웃었습니다.

"자, 이제 일어나서 도서관을 한번 돌아볼까?"

"네."

빈이는 소파에서 용수철처럼 튕겨 일어섰습니다.

"자, 보다시피 여기 1층에는 어린이실, 종합 자료실과 사무실 등이 있지. 넌 어린이실을 자주 이용했을 것이고, 봉사 활동할 때는 종합 자료실에 들어가 보았으나, 사무실에는 들어가 보지 못했지? 그럼 이 아저씨하고 사무실에 한번 들어가 볼까?"

"네."

사무실로 들어가니 책상들이 성냥갑처럼 질서 있게 모여 있고 사람들이 열심히 일하고 있었습니다.

"안녕하세요. 관장님."

직원들이 인사를 하자 도서관장 아저씨는 손을 저으며 말했습니다.

"아, 신경 쓰지 말고 일들 하세요. 나는 꼬마 손님과 잠시 들렀으니까요."

"관장님, 차라도 한잔 드릴까요?"

도서관장 아저씨는 빈이에게 눈짓을 보냈습니다.

빈이는 씨익 웃었습니다.

두 사람은 이미 눈빛으로 사인을 보낼 수 있는 사이가 된 모양입니다.

"그럼 커피 한잔 부탁해도 될까요? 우리 꼬마 손님은 음료수가 있으면 하나 주고."

"네."

단정한 옷차림에 머리를 뒤로 묶은 누나가 전기 주전자에 물을 넣고 플러그를 꽂았습니다.

"빈아, 저걸 잘 보렴."

아저씨는 주전자 쪽으로 손을 향했습니다.

"네."

"저 주전자를 지금부터 유심히 쳐다보렴."

빈이는 주전자를 왜 유심히 보라는지 이해할 수가 없었습니다.

시간이 조금 흐르자 주전자에서는 김이 모락모락 나면서 물이 펄펄 끓기 시작했습니다.

"바로 저거야."

"네?"

도서관장 아저씨는 주전자를 손가락으로 가리키며 말했습니다.

"물이 끓기 시작하는 온도가 얼마인지 아니?"

"물은 100도에서 끓기 시작하잖아요."

"그렇지, 빈이가 과학 공부 열심히 했는가 보구나."

빈이는 별것도 아닌 과학 상식에 어깨가 우쭐해졌습니다.

"네 말처럼 물은 끓기 시작하려면 100도가 되어야 한단다. 0도에서 99도까지는 똑같은 상태지. 끓지 않고 그대로란다. 0도에서 99도까지 그 차이가 무려 99도나 되는데 말이야.

하지만 99도에서 단 1도만 더 올라가면 물은 끓고, 수증기가 되기 시작한단다. 전혀 다른 상태가 되어 버리는 것이지.

99도에서 100도의 차이는 단 1도에 불과하지만 그 1도가 전혀 다른 상태로 만들어 버리는 거야."

빈이는 하마터면 무릎을 칠 뻔했습니다.

몰랐던 새로운 사실을 알게 되었기 때문이지요.

도서관장 아저씨는 끓인 물을 부은 커피를 마시고 빈이는 도서관에서 일하는 누나가 냉장고에서 꺼내어 준 주스를 마셨습니다.

빈이는 아저씨가 커피를 마시는 모습을 유심히 보았습니다.

단지 1도 차이가 커다란 변화를 만든다고 생각하니 커피 한 잔도 예사롭게 보이지 않았습니다.

"자, 이제 그만 가 볼까? 이번에 2층에 있는 열람실로 가 보자."

도서관장 아저씨와 함께 사무실을 빠져나와 2층 계단으로 올라갔습니다.

아저씨의 발걸음은 솜털을 밟고 가는 것처럼 소리 하나 나지 않았습니다.

"이곳은 사람들이 전부 공부를 하고 있는 곳이라서 조그만 소리

를 내어도 신경에 거슬리게 된단다. 그러니 최대한 조용하게 이동을 해야 한단다."

2층의 열람실 문을 여니 말로는 설명할 수 없는 어떤 열기가 빈이의 얼굴에 후끈 느껴졌습니다.

열람실은 빈자리가 하나도 없이 꽉 차 있었습니다.

사람들은 책에 얼굴을 파묻고 오직 공부에만 열중했습니다.

빈이는 사람들이 그렇게 열심히 공부하는 모습을 자주 본 적이 없었기에 아주 새롭게 느꼈습니다.

열람실의 문을 닫고 나오자 도서관장 아저씨가 말했습니다.

"어떠니? 사람이 굉장히 많지?"

"네."

"이곳은 도서관의 문을 열면 10분 이내로 좌석이 다 차 버린단다. 조금만 늦게 와도 자리를 잡을 수가 없단다."

빈이는 놀라지 않을 수 없었습니다.

"그렇게 열심히들 공부해요?"

"그럼, 하지만 여기에서 공부하는 모든 사람이 시험에 붙거나 자신이 원하는 꿈을 이룰 수는 없단다."

빈이는 사람들이 저렇게 열심히 공부하는데도 성공하지 못하고, 실패하는 사람들이 많다는 것이 안타까웠습니다.

"왜 그런 거예요?"

"그것에는 이유가 있지. 큰 차이가 있는 것이 아니라 1퍼센트의 차이 때문이란다. 그것이 49퍼센트의 사람과 51퍼센트의 사람의 차이지."

빈이는 레이더가 목표물을 향하듯 귀가 아저씨의 입을 향해 집중되었습니다.

"공부를 하거나, 어떤 힘든 일을 할 때면 사람의 마음은 두 개가 싸움을 하게 된단다. 포기해 버리자는 50퍼센트의 마음과 포기하지 말고 끝까지 하자라는 50퍼센트 마음이 그것이지.

그런데 실패하는 사람은 포기해 버리자는 마음을 단 1퍼센트만 더 먹어서 포기해 버리는 마음이 51퍼센트, 끝까지 해 보자는 마음이 49퍼센트가 되어 버린단다. 그래서 결국 그것을 포기해 버리고 만단다.

하지만 성공하는 사람은 끝까지 해 보자라는 마음을 1퍼센트 더 먹어서 끝까지 해 보자는 마음이 51퍼센트, 포기해 버리자는 마음이 49퍼센트가 되어 버린단다. 결국 끝까지 해 보자는 마음이 이기고 마는 것이지."

빈이는 이제 도서관장 아저씨가 자신에게 무엇을 이야기하려는지 충분히 느낄 수 있었습니다.

"좀 전에 주전자에서 물이 끓는 것과 열람실에서 사람들이 공부하는 자세를 보니 무언가 느껴지지 않니?"

빈이는 가만히 고개를 끄덕였습니다.

"성공은 아주 작은 차이란다. 물 1도의 차이, 마음 1퍼센트의 차

이. 그것이 너의 인생을 결정짓는단다.

　내가 너에게 힌트를 주었으니 이제 방금 본 것들을 바탕으로, 연습 삼아 너의 〈마음 사용 설명서〉 하나를 만들어 보렴."

　아저씨는 양복에서 작은 수첩 하나와 볼펜 하나를 꺼내 주었습니다.

　빈이는 복도에 있는 의자에 앉아 자신의 〈마음 사용 설명서〉를 고민하기 시작했습니다.

　한참을 생각에 잠겨 있던 빈이는 수첩에 무언가를 적기 시작했습니다.

　"아저씨, 방금 본 것들을 바탕으로 제가 생각해 본 〈마음 사용 설명서〉에 이것을 적어 보았는데 어때요?"

　빈이가 수첩에 또박또박 적은 〈마음 사용 설명서〉는 바로 이것이었습니다.

　〈1퍼센트만 더 노력하고, 1퍼센트만 더 포기하지 말고 참아라〉

　아저씨의 표정이 환한 전구를 켠 것처럼 밝아졌습니다.

　"아주 좋아!"

　아저씨는 그 짧은 말 한마디와 함께 엄지손가락을 빈이 눈앞으로 쭉 내밀었습니다.

"이제 빈이 너와 내가 함께 〈1퍼센트만 더 노력하고, 1퍼센트만 더 포기하지 말고 참아라〉라는 〈마음 사용 설명서〉를 하나 만들어 보았구나. 이젠 너 혼자서도 〈마음 사용 설명서〉를 만들어 낼 수 있을 것 같구나.

〈마음 사용 설명서〉는 살아가는 동안에 느끼고, 경험하면서 만들 수 있는 것이란다. 너무 조급하게 생각하지 말고, 스스로 〈마음 사용 설명서〉를 하나만 만들어 보렴. 그때 나를 다시 찾아오면 될 거야. 이 수첩은 네가 가지렴. 〈마음 사용 설명서〉를 여기에 한번 적어 보는 것도 좋을 거야."

관심 3법칙

내가 만든 〈마음 사용 설명서〉

나에게 가장 중요한 날은 '오늘'이고,
가장 중요한 시간은 '바로 지금'이다.

집으로 돌아온 빈이는 자신이 부쩍 자란 것처럼 느껴졌습니다.

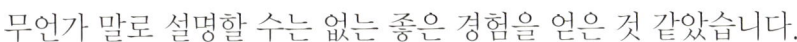

짧은 시간이었지만 도서관에서 아저씨와 보낸 시간 동안 무언가 말로 설명할 수는 없는 좋은 경험을 얻은 것 같았습니다.

"휘휘휘."

화장실에서 세수를 하면서 빈이의 입술에서는 자신도 모르게 휘파람이 나오고 있었습니다.

"빈이 너 왜 그러니? 안 하던 짓을 다 하고? 무슨 좋은 일 있었니?"

싱글벙글한 빈이의 표정이 어머니도 싫지 않은가 봅니다.

"아니에요."

씻고 방으로 들어온 빈이의 관심은 〈마음 사용 설명서〉에 집중되어 있었습니다.

'도대체 나의 〈마음 사용 설명서〉로 어떤 것이 좋을까?'

빈이는 연습장을 꺼내 놓고 여러 문장들을 적어 보았습니다.

하지만 나만의 〈마음 사용 설명서〉를 하나 만들어 내는 것은 결코 쉬운 일이 아니었습니다. 또 그렇게 생각나는 대로 적는 것은 진정한 〈마음 사용 설명서〉가 아니라는 생각이 들었습니다.

빈이는 한참을 생각에 잠겨 책상 앞에 앉아 있었습니다.

그런데 가만히 생각해 보니 억지로 그럴 필요도 없다는 생각도 들었습니다.

'〈마음 사용 설명서〉는 나에게 가장 중요한 인생 사전 같은 것이야. 그런데 지금 당장 결정할 필요는 없어. 천천히 내 인생에 가장 필요한 〈마음 사용 설명서〉를 결정하면 되는 거야. 관심을 가지고 있으면 머지않아 그것을 발견하게 될 거야.'

하루가 흘러갔습니다. 또 하루가 흘러갔습니다.

그렇게 며칠의 시간이 지났습니다. 학원을 다녀오고, 외갓집에도 다녀왔습니다.

그러는 사이 빈이는 점점 〈마음 사용 설명서〉에 대하여 조금씩 잊어 가고 있었습니다.

따르릉.

"여보세요."

친한 친구인 민균이가 한껏 들뜬 목소리로 전화를 걸어 왔습니다.

"야, 오늘 내 생일인 것 잊어버린 것 아니지? 그 치킨 할아버지네 햄버거 집으로 와 알았지. 그리고 너 선물은 준비했겠지?"

"그래, 알았어."

햄버거 집 앞에 민균이와 여러 친구들이 기다리고 있었습니다.

"야, 어서 와."

아이들은 치킨 할아버지 앞에 서 있었습니다.

하얀 수염을 기른 인자하게 보이는 할아버지가 지팡이를 들고 서 있는 그 가게.

햄버거와 통닭을 파는 그 가게에서 아이들은 치킨 할아버지를 장난감 삼아 놀면서 다른 아이들을 기다리고 있었습니다.

　한 10분 정도가 지나자 아이들이 다 모였고 아이들은 햄버거 가게로 들어갔습니다.

　"얘들아, 마음껏 먹어. 그리고 우리 민균이 생일 축하하러 와 줘서 고마워."

　민균이 어머니의 다정한 인사가 떨어지자마자 아이들은 통닭과 햄버거를 먹기 시작했습니다.

　"야, 맛있다. 나는 밥 대신에 매일 이 통닭과 햄버거만 먹고 살았으면 좋겠어."

　"나도 마찬가지야. 이 맛있는 걸 우리 엄마는

왜 자꾸 못 먹게 하는지 몰라."

아이들은 서로를 바라보며 낄낄거렸습니다.

아이들의 그런 모습 속에서 빈이는 생각에 잠겨 있었습니다.

아까부터 빈이는 궁금한 점이 하나 있었기 때문이었습니다.

'저 할아버지는 이 가게 앞에 왜 마스코트처럼 서 있는 걸까?'

생일 파티가 끝나고 나서 집으로 돌아오는 동안에도 그 궁금증은 쉽사리 가시질 않았습니다.

빈이는 집으로 들어오자마자 컴퓨터를 켜고 지식 검색을 하기 시작했습니다.

'KFC라는 치킨과 햄버거를 파는 매장에 서 있는 하얀 수염을

기른 할아버지는 누구고, 왜 서 있죠?'

　빈이는 지식 검색에 질문을 올려 두고도 궁금증을 참을 수 없었습니다.

　'안 되겠어. 참을 수가 없어.'

　빈이는 이곳저곳을 검색하기 시작했습니다.

　여기저기를 검색한 결과 그 할아버지의 이름이 커넬 샌더슨이라는 사실을 알 수 있었습니다.

　빈이가 찾아낸 자료를 간추리고 지식 검색에 올라온 내용을 요약하니 이런 이야기였습니다.

　주유소와 식당을 운영하다가 빈털터리가 된 사람.

　그때 그의 나이가 65세였고, 그는 그럼에도 불구하고 '지금이라도 늦지 않았다. 내가 가장 좋아하고, 잘할 수 있는 일을 해야지.' 라며 마음을 먹고 통닭 요리를 개발하기 시작하였다.

그는 그날부터 커다란 트럭에다가 압력솥과 통닭 양념을 가득 싣고 여러 도시들을 돌아다니기 시작했다.

트럭을 타고 미국의 음식점들을 찾아가 자신의 통닭 요리법을 선보였다.

하지만 그는 1000번을 넘게 거절당했다.

결국 1008번의 실패 끝에 1009번째의 도전에서, 자신의 통닭 조리법을 사용료를 받고 파는 데 성공했다.

그런 식으로 4년 뒤에는 미국에 200개가 넘는 자신의 통닭 체인점을 열게 되었다.

그렇게 이름을 붙인 것이 지금 우리가 통닭 튀긴 요리를 부를 때 흔히 사용하는 〈켄터키 프라이드 치킨〉이다.

지금은 세계 70여 개 국에 9,700개 이상의 매장 앞에서 커넬 샌더슨 할아버지는 흰 양복, 흰 수염에 지팡이를 쥐고 서서 사람들을 환영하고 있다.

빈이는 깜짝 놀랐습니다.

'65세의 나이에 새로운 시작을 했다고? 대단한걸!'

그 순간 빈이의 머릿속을 스쳐 지나가는 또 하나의 궁금증이 있었습니다.

'그럼 내가 좋아하는 영화를 만드는 사람들 중에서 그렇게 나이를 먹어도 영화를 만드는 사람이 있을까?'

빈이는 각종 영화 사이트와 영화 잡지를 인터넷으로 검색해 보기 시작했습니다.

"빈아, 저녁 먹으렴."

"엄마, 지금 중요한 숙제 하고 있거든요. 나중에 먹을게요."

그렇게 인터넷을 몇 시간 뒤진 후에 빈이는 궁금해하던 것을 찾아낼 수 있었습니다.

"여기 있다!"

빈이는 마치 산삼을 발견한 심마니처럼 갑자기 소리를 질렀습니다.

 빈이가 찾은 사람은 〈졸업〉이라는 영화로 유명한 마이크 니콜스라는 영화감독이었습니다.

 마이크 니콜스라는 영화감독은 74세에 〈클로저〉라는 영화를 만들었고, 77세인 지금도 세계 최고의 배우 톰 행크스와 줄리아 로버츠의 〈찰리 윌슨의 전쟁〉이라는 영화를 찍고 있다는 사실을 알 수 있었습니다.

 '역시 관심을 가지니 보이는구나. 관심이 없다면 이런 것도 찾아보지 않았을 텐데.'

 빈이는 스스로가 대견하게 느껴졌습니다.

 "나는 영화를 찍을 때는 모든 것을 잊어버립니다. 내가 나이가 몇 살인지는 하나도 중요하지 않습니다. 설령 열 살밖에 안 된 초등학생이라도 그것이 중요한 것이 아닙니다.

 지금 이 순간을 사는 것이 중요합니다. 나는 오늘 영화를 찍고 있고, 지금 최선을 다해 영화를 찍습니다. 그것 외엔 특별한 비법은 없습니다."

 마이크 니콜스 감독의 인터뷰 기사를 보면서 빈이는 많은 것을 느꼈습니다.

'이렇게 많은 나이에도 영화에 대한 관심을 가지고 하루하루 최선을 다하니까 최고의 위치에 있을 수 있는 것이구나.'

빈이는 컴퓨터를 껐습니다.

〈마음 사용 설명서〉가 문득 생각이 났습니다.

빈이는 연습장을 꺼내어 오늘 있었던 일을 낙서처럼 써 보았습니다.

'치킨 할아버지. 커넬 샌더슨, 늦은 도전, 지금 최선을 다함, 마이크 니콜스, 영화, 지금 이 순간을 사는 것, 오늘의 중요성' 등의 낱말들을 적어 보았습니다.

누가 그렇게 시킨 것도 아닌데 그 순간 빈이의 손은 책상 서랍에 들어 있는 수첩을 꺼내고 〈마음 사용 설명서〉를 적어 내려가기 시작했습니다.

버튼만 누르면 작동하는 자동판매기처럼 손이 저절로 움직이는

것 같았습니다.

"나에서 가장 중요한 날은 '오늘'이고, 가장 중요한 시간은 '바로 지금'이다."

빈이가 스스로 작성한 멋진 〈마음 사용 설명서〉가 완성되는 순간이었습니다.

관심 4법칙

미래 자서전을 써 보아라

〈미래 자서전〉이란
'미래의 성공한 모습을 자신이 쓰는 자신의 전기' 입니다.
미래 자서전은 20년 후, 나를 최고의 성공을 거두는 사람으로
만들어 줍니다.

관심 4법칙

자신의 인생은 자신의 꿈을 닮아 가는 법입니다.
나의 미래 자서전을 적어 보면 나의 꿈에 대한 〈관심〉이 더 높아지고, 더 간절해집니다.
간절한 꿈은 꼭 이루어지게 마련입니다.

병아리가 엄마 닭의 품에 안기려고 쫑쫑쫑 걸어가는 걸음.

빈이가 도서관으로 향하는 발걸음도 그것을 닮았습니다.

어느새 빈이에게는 도서관이 편하고, 즐거운 장소로 변해 버린 것입니다.

도서관 입구에 들어서자마자 도서관장 아저씨의 모습이 보였습니다.

"아저씨, 뭐 하시는 중이에요?"

아저씨는 뒤를 돌아보시며 빈이인 줄 알고는 기쁜 표정을 지으셨습니다.

'아저씨도 나를 많이 기다리셨나 봐!'

누군가가 자신을 기다리고 있다는 사실은 사람을 기분 좋게 만드나 봅니다.

빈이는 아저씨의 그런 반응에 은근히 기분이 더 좋아졌습니다.

"응, 신문을 좀 정리하고 있단다."

도서관 입구에는 사람들이 서서 신문을 볼 수 있게 만들어 놓은 곳이 있는데 아저씨는 그곳에서 신문을 겹겹이 쌓은 채 검정색 노끈으로 묶고 계셨습니다.

"벌써 방학이 끝나는 날도 얼마 남지 않았구나. 방학은 잘 보내고 있니?"

"네, 외갓집도 다녀오고, 친구 생일 파티도 하고, 방학 숙제도 하고 재미있게 보내고 있어요."

예전의 빈이답지 않게 참새처럼 재잘댔습니다.

"너 말하는 걸 보니 〈마음 사용 설명서〉를 발견했구나."

아저씨는 눈치가 귀신인가 봅니다.

"네."

빈이가 손가락을 꼭 붙이고 군인들처럼 오른손으로 경례를 하는 흉내를 내면서 말했습니다.

빈이는 자신이 직접 작성한 〈마음 사용 설명서〉를 말로 설명하는 대신에 아저씨가 주신 수첩을 꺼내어 〈마음 사용 설명서〉가 적힌 부분을 펴 보였습니다.

빈이의 글씨는 한눈에 봐도 손에 힘이 잔뜩 들어갔고, 한 자 한 자 정성을 다해 써 내려간 것이 느껴질 정도였습니다.

〈나의 마음 사용 설명서〉

나에서 가장 중요한 날은 '오늘'이고, 가장 중요한 시간은 '바로 지금'이다.

"멋진 〈마음 사용 설명서〉인걸. 역시 내가 예상했던 대로 잘 해내었구나."

빈이는 아저씨의 그 말에 또 기분이 좋아졌습니다.

누군가가 나를 믿어 준다는 느낌을 받았을 때의 기쁨이란 무척 큰 것이기 때문입니다.

아저씨는 오른손으로 앞을 가리키며 말했습니다.

"우리 저리로 갈까?"

아저씨는 자판기 앞쪽으로 걸어갔습니다.

지갑에서 천 원짜리 한 장을 꺼내서는 자판기에 넣었습니다.

"네가 골라 보렴. 어떤 것을 마실래?"

빈이는 망설임 없이 손가락을 쭉 뻗어서 음료수 버튼 하나를 눌렀습니다. 아저씨는 배출구에 손을 집어넣어 음료수 뚜껑을 따서 빈이에게 건네었습니다.

똑.

음료수 뚜껑 따는 소리가 경쾌하게 들려왔습니다.

아저씨는 한 걸음 옮겨 커피 자판기에서 커피를 뽑았습니다.

둘은 각자의 손에 마실 것을 들고 밖으로 나갔습니다.

도서관을 나오자 모처럼 내리쬐는 햇살이 다소곳했습니다.

"이제 방학도 얼마 남지 않았는데 마무리는 잘 하고 있니?"

"네."

두 사람은 먼 곳에 시선을 두고 대화를 나누었습니다.

"이제 관심의 마지막 법칙만이 남았구나."

"네? 마지막이라고요?"

"그래, 이제 마지막인 관심 4법칙만이 남았단다."

빈이는 알 수 없는 기분에 사로잡혔습니다.

홀가분하기도 하면서, 한편으로는 아쉽기도 한 무엇이라 설명할 수 없는 그런 감정이었습니다.

빈이는 허리를 곧게 세우고 도서관장 아저씨의 눈을 쳐다보았습니다.

"장소를 옮겨야겠구나. 네가 〈관심〉과 처음 만나게 된 곳으로 가 볼까?"

아저씨의 눈짓을 보고 빈이는 일어섰습니다.

아저씨의 발길이 어디로 가는지 빈이는 알 것 같았습니다. 아저씨가 향한 곳은 빈이가 아이들과 함께 처음 봉사 활동을 하러 온 〈종합 자료실〉이었습니다.

빈이가 처음 〈관심〉과 만난 장소.

그것은 우울한 기분으로 자신이 앉아 있던 자리였습니다.

아저씨는 알 수 없는 웃음을 지으며 빈이에게 말했습니다.

"빈아, 어때? 여기 와 보니 기분이 어떠니? 네가 〈관심〉과 처음 만난 장소란다."

빈이는 멋쩍은 듯이 웃어 보였습니다. 빈이는 다시 한 번 벽면에 걸려 있는 액자 속의 사진들을 쭉 살펴보았습니다.

에디슨, 아인슈타인, 빌 게이츠, 조앤 롤링, 오프라 윈프리, 타이거 우즈, 스티븐 스필버그, 링컨, 베컴 등 인생의 최고의 성공을 거둔 사람들의 사진들.

'당신도 이 사람들처럼 될 수 있습니다. 이곳에서 성공의 길을 찾으세요.'

빈이는 그때의 기억을 떠올려 보았습니다.

그렇게 오랜 시간이 흐르지는 않았지만 자신이 그때와는 전혀 다른 아이처럼 느껴졌습니다. 지금 여기에 서 있는 자신의 모습과 방학을 처음 시작할 때의 자신의 모습은 아주 많은 차이가 있다는 느낌을 받았습니다.

"빈아, 네가 못 본 게 하나 있는 것 같구나."

아저씨의 말씀에 빈이는 다시 집중했습니다.

"저기 걸려 있는 사진들의 맞은편을 한번 보겠니?"

빈이는 눈을 사진들의 맞은편으로 향했습니다.

그랬더니 자신이 미처 보지 못했던 액자가 하나 있었습니다.

'지난번에는 저걸 보지 못했는데……'

그 액자는 맞은편에 걸려 있는 인생에서 최고의 성공을 거둔 사람들의 사진이 걸린 액자보다 더 큰 액자였습니다.

그런데 이상한 점은 그 액자는 누구의 사진도 들어 있지 않은 빈 액자였습니다.

'어? 이상하다. 저 액자에는 왜 사진이 없지?'

그런 생각을 하는 순간에 빈이의 눈에 액자 밑에 커다랗게 적혀 있는 글이 들어왔습니다.

〈미래에 인생 최고의 성공을 거둘 사람. 이곳은 바로 당신을 위한 자리입니다.〉

빈이는 어리둥절했습니다.

"빈아, 저 빈자리 하나는 바로 너를 위한 자리이며, 다른 사람을

위한 자리이기도 하단다."

"네?"

"〈관심〉을 통해 인생에서 최고의 성공을 거둔 사람이 될 너를 위해 비워 둔 자리란 말이지. 얼마나 세상에 대해 〈관심〉을 가지고, 얼마나 〈관심의 법칙〉을 잘 실천하느냐에 따라 저 자리는 너의 자리가 될 수가 있단다.

하지만 다른 사람이 저 자리의 주인이 될 수도 있다는 뜻이란다."

'내가 인생에서 최고의 성공을 거둔 사람들처럼 될 수 있다는 말이야?'

빈이는 그 사실이 놀라우면서도 왠지 싫지 않았습니다.

아저씨는 양복 윗도리 안쪽에서 무언가를 하나 꺼내었습니다.

"너를 저 자리에 사진이 걸리게 해 줄 마지막 관심 4법칙은 바로 이것이란다."

빈이는 아저씨가 준 마지막 포스트잇을 받아들고 마치 맛있는 과자를 몰래 아껴서 먹는 아이처럼 천천히 펴 보았습니다.

관심 4법칙 : 미래 자서전을 써 보아라

아저씨는 나지막한 목소리로 말했습니다.

"빈아, '자서전'이란 '자기가 쓰는 자신의 전기'라는 뜻이란다. 위인들이나 성공한 사람들이 자신의 전기를 직접 쓰는 것이지."

"미래 자서전과는 어떤 차이가 있죠?"

"미래 자서전은 네가 직접 적어 보는 것이란다. 어린 시절 네가 읽었던 위인전 같은 것을 스스로 네가 주인공이 되어 적어 보는 거지. 지금부터 네가 이미 최고의 성공의 자리에 있다고 생각을 해 보렴. 세계적으로 존경받는 저 훌륭한 인생의 위인들 중의 한 명이 바로 너라고 상상하는 것이지. 그래서 20년이나 30년 후쯤 성공한 인생을 살고 있을 너의 자서전을 한번 적어 보는 거야."

빈이는 일반 자서전과 자신이 써야 할 미래 자서전의 차이를 느낄 수가 있었습니다.

"그렇게 하면 어떤 점이 좋은가요."

아저씨는 미래 자서전을 쓰는 것이 왜 관심 4법칙이 되었는지에 대한 설명을 친절히 해 주었습니다.

"자신의 인생은 자신의 꿈을 닮아 가는 법이란다. 하지만 그 꿈이 대충, 얼렁뚱땅, 되든 말든이라는 방식이라면 그 꿈은 결코 이루어지지 않는 법이란다. 미리 너의 자서전을 적어 보면서 너의 꿈에 대한 〈관심〉을 더 높이고, 더 간절해질 거야. 간절한 꿈은 현실이 되는 법이거든."

도서관을 빠져나오면서 빈이는 두 주먹을 불끈 쥐었습니다.

마지막 관심 4법칙에 대한 강한 의지가 묻어 나오고 있었습니다.

나의 미래 자서전

성공하는 사람의 인생은 다릅니다.
'나는 세상 사람들에게 어떤 식으로 기억될 것인가?' 라는 질문을
스스로에게 던져 보세요.

빈이에게 마지막 남겨진 관심의 법칙.

그 법칙을 머릿속으로 계속 되뇌면서 집으로 돌아왔습니다.

빈이는 집으로 돌아와 아무도 눈치채지 못하도록 책상의 세 번째 서랍 제일 안쪽 가장자리에 숨겨 두었던 돈을 꺼내었습니다.

그 돈은 게임 팩을 사기 위해 틈틈이 모아 둔 돈이었습니다.

빈이는 그 돈에서 얼마를 꺼내어 문구점으로 갔습니다.

"아저씨, 안녕하세요."

빈이는 학용품이 쌓여 있는 곳으로 가서 무언가를 찾기 시작했습니다.

"얘야, 무엇을 찾니?"

"네, 공책을 찾는데 제가 찾을게요."

빈이는 평소와는 다르게 준비물 하나를 고르는데도 신중하게 이리저리 돌아다녔습니다.

그러더니 공책 하나를 골라 가지고 나왔습니다.

일반 공책과는 달리 스프링으로 제본된 그 공책은 한눈에 보기에도 꽤 고급스러워 보였습니다.

"얘야, 이 공책은 초등학생이 잘 쓰지 않는 비싼 공책인데?"

"네, 아저씨. 아주 중요한 내용을 쓸 공책이거든요."

빈이는 공책을 앞가슴에 꼬옥 품고 집으로 한달음에 달려왔습니다.

　빈이는 자신의 책상 위에 그 공책을 정성스레 놓고 의자에 허리를 곧추세우고 앉았습니다.

　"휴."

　심호흡을 크게 한번 하고 빈이는 공책의 표지 위에 한 자, 한 자 적어 나갔습니다.

　〈나의 미래 자서전〉

　그리고 그 밑에는 지금으로부터 25년 후인 '2032년. 지은이 : 조빈' 이라고 적었습니다.

　빈이는 연필을 놓고 가만히 눈을 감았습니다.

　그 순간 떠오르는 단어 하나 '관심'. 빈이는 관심을 자신의 가슴 중심에 심어 두고 미래의 모습에 대해서 가만히 생각을 해 보았습니다.

　꿈꾸는 초등학교 시절, 꿈을 가꾸어 나가는 중학교 시절, 꿈에 가까이 다가가는 고등학교 시절, 꿈을 실현해 나가는 대학 시절,

마침내 꿈을 이룬 25년 후 자신의 모습.

이렇게 차근차근 자신의 미래의 모습을 그려 나가기 시작했습니다.

빈이의 꿈은 잘 찍은 흑백사진처럼 선명하게 나타나기 시작했습니다.

'그래, 이게 〈관심〉의 힘이구나.'

빈이는 그동안 도서관장 아저씨께 배운 관심 법칙들이 자신의 꿈을 이루는 데 가장 큰 성공 방정식이 되어 주고 있다는 것을 느낄 수 있었습니다.

빈이의 머릿속에는 꿈 지도가 선명하게 그려졌습니다.

빈이는 눈을 뜨고 다시 연필을 잡았습니다.

책상 서랍에서 연습장을 꺼내어서 조금 전에 생각했던 것들을 형식에 상관없이 적어 보기 시작했습니다.

먼저 자신 스스로의 모습을 자세히 알아보기 위해 이런 질문들을 적어 보았습니다.

이것들을 생각나는 대로 빈이는 하나씩 하나씩 적어 나가기 시작했습니다.

'그래, 이렇게 먼저 연습장에 적어 놓고 정리를 해 보니, 나의 25년 후의 모습이 더욱 선명하게 나타나는 것 같구나.'

빈이는 가슴이 망치질을 하는 것처럼 쿵쾅쿵쾅 대는 것을 느꼈습니다.

자신이 적은 것들을 바탕으로 다시 한 번 생각에 잠겼습니다.

무슨 말부터 시작해야 할지 고민이 되었습니다.

한참이 지난 후, 마침내 빈이는 〈나의 미래 자서전〉 공책을 펴고 연필을 들었습니다.

〈나, 조빈은 어린 시절 간절하게 원하던 영화감독의 꿈을 이루었다.〉라는 말로 자서전을 써 내려가기 시작했습니다.

빈이는 자서전을 써 내려가면서 몸이 솜털처럼 가벼워지는 것을 느꼈습니다.

정말로 자신이 최고의 영화감독이 된 듯한 느낌이었습니다.

빈이는 자신의 머릿속에 그려진 미래의 모습과 적어 놓은 글들을 바탕으로 자서전을 쭉 써 내려가기 시작했습니다.

막히는 부분도 있었지만 그곳은 비워 두고 적었습니다.

그러다 보면 다시 막혔던 부분에 대한 생각이 떠올라서 다시 그 부분을 적기도 했습니다.

미래 자서전을 적는 데는 한참이 걸렸습니다.

빈이는 연필을 놓고 시계를 보았습니다.

'벌써 저렇게 시간이 흘렀어? 내일 또 적어야겠다.'

다음날, 그 다음날. 빈이는 미래 자서전을 적어가는 것을 계속했습니다.

정확하게 일주일 후.

〈나는 가끔 '세상 사람들에게 어떤 사람으로 기억될 것인가?' 라는 질문을 스스로에게 던지곤 한다. 지금도, 먼 훗날도 나는 세상 사람들에게 '영화에 자신의 전부를 내건 감독. 조빈', '가장 영화를 사랑한 감독. 조빈'으로 기억되고 싶다.〉라는 글을 끝으로 빈이는 〈나의 미래 자서전〉의 마침표를 찍었습니다.

빈이는 자신이 적은 자서전을 처음부터 한번 읽어 보기 시작했습니다.

자서전을 다 읽고 나자 빈이의 가슴에는 새로운 용기의 바람이 불어왔습니다.

그것은 영화감독이 쉽게 될 것이라는 막연한 자신감도 아니었고, 별것 아니라는 자만심도 아니었습니다.

자신이 적은 그 자서전처럼 꼭 되고 말겠다는 강렬한 열정이었습니다. 빈이는 자신의 방 안을 두리번거렸습니다.

빈이의 재산 목록 1호인 딱지 상자를 가져왔습니다.

지난 1년을 넘게 애지중지 모아 온 딱지들을 그 상자에서 꺼내었습니다.

대신 〈나의 미래 자서전〉을 그 상자 안에 살며시 놓았습니다.

그 상자는 이제 꿈 상자가 되어 빈이의 재산 목록 1호가 되었습니다.

달라진 나의 모습

여러분은 인생이라는 경기의 출발점에 서 있습니다.
어떤 꿈을 가지고, 어떤 자세로 임하느냐에 따라 나의 인생은 180도 달라집니다.
〈관심〉의 법칙이 그것들을 도와줄 것입니다.

다음 날, 빈이는 학원을 마친 후 도서관으로 발걸음을 향했습니다. 도서관은 지난번에 왔을 때보다 사람이 적고, 더 조용하게 느껴졌습니다.

똑똑.

"들어오세요."

빈이는 도서관장실 문을 두드리고 들어갔습니다.

"안녕하세요."

"오, 빈이 왔구나."

아저씨는 사무실 책상에서 일어났습니다.

"그렇지 않아도 중학교, 고등학교가 방학이 끝나서 오늘부터는 도서관 전체가 사람들이 적어 적적했는데 빈이가 와 주었구나. 너희들은 아직 방학이지?"

"네, 그런데 이틀 후면 저희도 개학이에요."

아저씨는 부모님들이 이맘때쯤이면 늘 물어보시는 똑같은 질문을 하셨습니다.

"방학 숙제는 다 했니?"

"물론이죠. 거기다가……."

빈이가 말을 끝맺지 않고 주춤거리자 도서관장 아저씨가 물었습니다.

"거기다가 뭐?"

빈이는 생긋 웃었습니다.

"관심 4법칙. 나의 〈미래 자서전〉까지 썼어요."

빈이는 자신의 재산 목록 1호에 담아 온 〈미래 자서전〉을 아저씨 쪽을 향해 내밀었습니다.

아저씨는 가만히 고개를 끄덕였습니다.

"이건 읽어 보지 않을게. 이건 아직 완성되지 않은 너의 미래 자서전이니까."

빈이는 아저씨가 읽어 보셨으면 하는 생각이 들었지만 이어지는 아저씨의 말씀을 들으니 읽지 않으시는 아저씨의 마음이 이해가 되었습니다.

"네가 이런 자서전을 적었다는 것만으로도 이 아저씨는 아주 대견하게 느껴지는구나."

빈이는 그동안 궁금했던 점을 아저씨에게 물었습니다.

"저는 영화감독이 꿈인데, 아저씨는 어린 시절 꿈이 무엇이었어요?"

 아저씨는 지난날을 회상하는 듯 잠시 눈꺼풀이 가만히 내려앉았습니다.

 "아저씨가 어렸던 시절은 지금처럼 컴퓨터나 게임기가 있던 시절이 아니었단다. 대부분의 사람들이 참 가난했지. 아저씨는 어린 시절에 책 읽는 것을 무척 좋아했단다. 하지만 그 시절엔 책도 많지 않았을 뿐더러, 돈을 주고 책을 산다는 것은 거의 힘든 일이었단다.

 책을 실컷 읽을 수 있는 곳은 그다지 책도 많지 않았던 학교에

있는 조그만 도서실뿐이었단다. 그곳에서 책을 읽다가 학교 교문을 닫을 때가 되면 선생님께서 도서실로 와서 이렇게 말씀하셨지.

'얘들아. 이제 교문을 닫을 시간이니 집으로 돌아가렴.' 도서실을 빠져나올 때쯤이면 어김없이 해가 지기 시작하고 주위는 어둠이 서서히 내리고 있었단다.

아쉬우면서도 한편으로 내 스스로가 대견하다는 느낌. 도서실을 빠져나올 때면 그렇게 기분이 좋을 수가 없었단다. 그런 시간을 겪으면서 '책을 실컷 읽고, 책과 함께 살아갈 수 있다면 얼마나 좋을까?' 라는 생각을 가지게 되었단다.

그래서 그 후에 책에 대한 관심을 가지고, 책과 함께하는 직업에 관심을 가지게 되었단다. 책과 함께하는 일에 관심을 가지고, 꿈을 키우다 보니 지금은 이렇게 책에 파묻혀 살고 있는 도서관장이 된 것이지."

"아, 그렇구나. 책을 좋아하고, 책에 관심이 많아서 도서관장이 되신 거군요. 우리 아빠도 가끔 아빠의 어린 시절을 말씀하시곤 하시는데 요즘과는 참 많이 다르더라고요."

아저씨는 말을 이었습니다.

"우연히 만난 너의 모습에 나의 어린 시절이 떠올랐고, 그래서 〈관심〉의 법칙을 너에게 가르쳐 주게 된 거지."

빈이는 아저씨의 어린 시절이 자신의 방학 시간 동안과 겹쳐져 한 편의 영화처럼 머릿속에 빠르게 상영되는 것 같았습니다.

빈이는 아저씨가 자신에게 가르쳐 준 〈관심〉의 법칙이 하나씩 머릿속에 되살아나기 시작했습니다.

아저씨는 빈이가 내민 자서전을 들고는 이전과는 다른 어조로 말씀하셨습니다.

"빈아, 사람에게는 자신이 진정으로 하고 싶은 일을 하는 것이 최고로 중요하단다. 〈내가 가장 간절하게 원하던 일을, 최선을 다해 하고 있는 사람〉 그 사람이야말로 가장 큰 성공을 거둔 사람이란다. 명심하렴.

이제 너는 인생이라는 경기의 출발점에 서 있단다. 네가 어떤 꿈을 가지고, 어떤 자세로 임하느냐에 따라 너의 인생은 180도 달라진단다. 이제 넌 이 자서전과 같은 사람이 되고, 이 자서전과 같은 삶을 살아가기 위해 노력하게 될 거야. 그동안 네가 스스로

깨달은 〈관심〉의 법칙이 아마 그것들을 도와줄 거야."

빈이는 아저씨의 말씀에 고개를 끄덕였습니다.

빈이는 그동안 아저씨가 제시해 준 〈관심〉의 법칙들을 하나씩 입 안에서 낭송해 보았습니다.

그것은 빈이에게 많은 가르침을 주었고, 많은 깨달음을 주는 것들이었습니다.

"이제 방학이 끝나면 자주 보기는 힘들겠구나. 하지만 주말엔 한 번씩 도서관에 와서 책을 읽으면서 너의 꿈을 키워 가렴. 올 때면 여기에 들러서 음료수도 마시고 말이야."

"네, 아저씨. 자주 책 읽으러 올게요. 안녕히 계세요."

아저씨는 빈이를 문 앞까지 배웅하면서 무언가를 하나 손에 쥐여 주셨습니다.

그것은 코팅된 책갈피였습니다.

빈이는 그 책갈피를 받아 들고 도서관장실을 빠져나오면서 이번 방학 동안 자신의 키가 한 뼘은 커 버린 것 같은 느낌이 들었습니다.

개학식 날.

교문으로 들어가는 빈이의 어깨는 당당하게 쭉 펴져 있었고, 얼굴은 희망 건전지로 충전된 듯 자신감이 넘쳤습니다.

빈이의 호주머니 안에는 아저씨가 준 마지막 응원가가 적힌 코팅된 책갈피 한 장이 보석처럼 숨겨져 있었기 때문입니다.

"미국의 디즈니 랜드 입구에는 이런 말이 새겨져 있다. 이 말을 단 하루도 잊지 말아라.

If you can dream it, you can do it(당신이 꿈을 꿀 수 있다면, 당신은 그것을 이룰 수 있다).

관심! 관심을 가져라."

빈이는 이 말을 마법의 주문처럼 외워 보았습니다.

"당신이 꿈을 꿀 수 있다면, 당신은 그것을 이룰 수 있다. 관심!

관심을 가져라."

　빈이는 이제 굳게 믿고 있습니다. 이 주문을 많이 외우면 외울수록 자신의 꿈에 한 발자국 더 가까이 다가서게 된다는 사실을.

"당신이 꿈을 꿀 수 있다면,
당신은 그것을 이룰 수 있다.
관심! 관심을 가져라."